Natürliche Pflege
selbst gemacht

Heidi Thaler

Natürliche Pflege
selbst gemacht

Alles für
Mutter und Kind

BuchVerlag
für die Frau

ISBN 978-3-89798-457-8

© BuchVerlag für die Frau GmbH, Leipzig 2015
Covergestaltung und Layout: Uta Wolf, Leipzig
Fotos: Sandra Neuhaus (S. 2, 4, 10/11, 21, 41, 62/63, 64, 70/71, 74,
88/89, 96/97, 120/121, 132/133, 136/137, 141, 151, 154, 158),
Heidi Thaler (S. 4, 8, 9, 24, 31, 40, 67, 69, 76, 78, 106, 118, 154, 159-167),
fotolia.com (Titel, alle übrigen Fotos)
Druck und Bindung: Print Consult GmbH, München

www.buchverlag-fuer-die-frau.de

INHALT

VORWORT

Nach meinem ersten Buch „Alles selbst gemacht. Butter, Käse, Öl & mehr" möchte ich Sie erneut an einer alten Familientradition teilhaben lassen, Sie dieses Mal mitnehmen in das Reich der Kräuter, Heilerden, Öle und anderer natürlicher Ingredienzien und Ihnen zeigen, was mich schon seit meinen Kindertagen begleitet.

So wie wir daheim Obst, Gemüse und Kräuter anbauten oder wild sammelten, die uns als Ergänzung des Speisezettels dienten und Heilmittel bei kleinen Zipperlein waren, so stellten wir ganz selbstverständlich auch pflegende und heilende Salben, Tinkturen, Cremes oder Badezusätze her. Freilich betrieben wir dies nicht mehr in dem Ausmaß wie etliche Generationen vorher. Manche Sachen machte Oma noch, meine Mutter aber schon nicht mehr – doch ich wollte irgendwann mehr erfahren. Besonders während der Schwangerschaft, in der Stillzeit und später bei der Säuglings- und Kinderpflege interessierte ich mich für alternative, unbelastete Pflegeprodukte, wo weniger immer mehr ist.

Ich kann mich noch gut an das Pflegeprogramm meines jüngsten Bruders erinnern: Es gab ein Kamillenöl zur Reinigung, als Badezusatz wurden Kräuterölauszüge oder Leinensäckchen mit Kräutern und Blüten oder Milch, Molke usw. in die Wanne gegeben. Gegebenenfalls kam ein Waschtuch mit etwas selbst gemachter Reinigungslotion zum Einsatz. Dazu gab es viel frische Luft. Mehr nicht.

Und heute? Sicherlich wird das Badezimmer bei vielen Familien gleich aussehen: Es stapeln sich Tuben, Flaschen und Salbentöpfchen, Duschgels, Badeöle, Tages- und Nachtcremes, Shampoos und Spülungen, Bodylotion usw. usf. – für Babys, Kinder und Erwachsene. Vieles davon enthält keine natürlichen Inhaltsstoffe. Aber Hand aufs Herz: Haben Sie Zeit und Muße (möglicherweise mit quengelnden Kindern beim Einkaufen), die Verpackung genau zu studieren? Sind Sie in der Lage, die angegebenen Stoffe zu „enträtseln"? Oder können Sie überhaupt „nein" sagen, wenn Ihr Kind Sie bettelnd anschaut, weil auf dem Duschgel die Helden aus dem letzten Zeichentrickfilm abgebildet sind?

Keine Angst, ich will hier nicht alle Pflegeprodukte oder gar eine ganze Industrie verteufeln. Nein, ich möchte Ihnen zeigen, wie Sie Ihre eigenen, Ihren bzw. den Bedürfnissen Ihrer Familie angepasste Pflegeprodukte herstellen können, dabei eine Menge Müll durch Verpackungen sparen und vielleicht auch ein neues interessantes Hobby entdecken. Bei der Auswahl der Rezepturen habe ich einheimischen Zutaten den Vorrang gegeben und das Altbewährte neu ausprobiert. Meine persönlichen Erfahrungen aus der Praxis gebe ich Ihnen als Tipps weiter.

Gutes Gelingen und viel Freude wünscht Ihnen

Ihre Heidi Thaler

DISTEL

DIE ZUTATEN

FÜR WERTVOLLE UND NATÜRLICHE PFLEGEPRODUKTE

Die Verträglichkeit der verwendeten Rohstoffe und Zutaten ist naturgemäß von Mensch zu Mensch verschieden: Manche reagieren überhaupt nicht, andere wiederum heftig auf bestimmte Stoffe. Der Vorteil selbst gerührter Kosmetika ist es aber, zu **wissen**, was eingearbeitet wurde. So kann man bestimmte Stoffe eingrenzen und beim nächsten Mal einen anderen Rohstoff nehmen – etwas, das uns bei gekauften Kosmetikprodukten natürlich nicht gelingen kann.

Allergien scheinen auf dem Vormarsch zu sein, und das oft schon bei den Kleinsten. Auch können sich Allergien im Laufe der Zeit entwickeln, deren Auslöser oft vielfältig sind (konventionelle Kosmetik, Waschmittel, minderwertige belastete Nahrungsmittel, Umweltgifte etc.). Selbst gemachte Pflegeprodukte sind hier ein erster logischer Schritt, um dem zu begegnen, sich selbst und seiner Familie etwas Gutes zu tun und in einem besseren Einklang mit der Natur und der Umwelt zu leben.

Bei den Zutaten möchte ich mich – bis auf wenige Ausnahmen – auf das beschränken, was wir hier in Wald und Flur finden und im Garten ernten können. Ich bevorzuge preiswerte, möglichst einheimische Öle, Kräuter, Wachse und Fette, die man leicht beschaffen kann. Auf diese wollen wir gemeinsam zu Beginn einen Blick werfen.

Öle

Öle gewinnt man meist durch das Auspressen von ölhaltigen Samen und/oder Früchten. Man unterscheidet zwischen **Heiß- und Kaltpressverfahren**. Beim **Kaltpressen** dürfen 60 °C nicht überschritten werden, auch kommen keinerlei chemische Zusätze zum Einsatz. Ein nach diesem Verfahren gewonnenes Öl ist reichhaltiger an Vitaminen, Aminosäuren, Geruchs- und Geschmacksstoffen sowie Begleitstoffen wie z. B. Lecithin.

Der Anteil der Fettsäuren ist bei kaltgepressten und raffinierten (heißgepressten) Ölen gleich. Dennoch gibt es gravierende Unterschiede hinsichtlich der Zusammensetzung und Qualität.

Die **Raffination bzw. das Heißpressverfahren** läuft folgendermaßen ab: Nach der Gewinnung des Öls durch Auspressen ist im Pressgut noch viel Öl enthalten, das mittels eines Lösungsmittels (Hexan oder Benzin) herausgelöst wird. Bei der nachfolgenden Destillation trennt man Öl und Lösungsmittel wieder. Anschließend werden pflanzliche Lecithine zur Weiterverarbeitung gewonnen, Schleimstoffe mit Säuren ausgefällt und ausgefiltert, um Trübungen zu verhindern. Dann werden Fettsäuren mit Natronlauge gebunden (Verseifung), darauf folgt die Erwärmung auf 70-90 °C. Bei diesem Vorgang bindet man farb- und gesundheitsschädliche Stoffe und trennt sie vom Öl. Die Abschlussbehandlung im Vakuum bei sehr hohen Temperaturen separiert Geschmacks- und Geruchspartikel, so dass ein „sauberes", nahezu geruchs- und geschmacksneutrales Öl entsteht.

Für die Herstellung natürlicher Pflegeprodukte kommen nur **kaltgepresste Öle** infrage, da diese Öle logischerweise hochwertiger sind. Kaltgepresste Öle können auch in vielen Bioläden sowie im Internet (Online-Shops mit Bioprodukten) gekauft werden.

MEIN PERSÖNLICHER TIPP

Achten Sie bei der Weiterverarbeitung kaltgepresster Öle darauf, dass sie nicht zu stark erhitzt werden: Ihr sog. Rauchpunkt liegt wesentlich niedriger, es kann zu einer übermäßigen Oxidation kommen, bei der schädliche Stoffe entstehen. **Ausnahme: Olivenöl**.

Öle und Fette bestehen aus Glycerin und **Fettsäuren**, genauer aus sogenannten gesättigten oder einfach, zweifach, dreifach oder mehrfach ungesättigten Fettsäuren, die zum Teil lebensnotwendig sind. Ein Mangel zeigt sich z. B. auch im Haarausfall.

Nun wollen wir uns mit den Zusammensetzungen und einigen Eckdaten der wichtigsten Öle befassen.

In der nachfolgenden Tabelle ist auch die sogenannte **Verseifungszahl** angegeben. Diese Zahl sagt Ihnen, wie viel Milligramm Kaliumhydroxid oder Natriumhydroxid notwendig sind, um das Öl/Fett verseifen zu können. Dazu gibt es eine Formel, die ich Ihnen später bei der Herstellung von Seifen erklären werde (siehe S. 150).

Unverseifbare Anteile bestehen aus z. B. freien Fettsäuren, Kohlenwasserstoffen und Vitaminen. Sie sind nach der Verseifung der Öle und Fette wasserunlöslich.

Die wichtigsten Öle im Überblick

Name	Beschreibung / Wirkung / Inhaltsstoffe	Einsatzgebiete*	Überfettung / Einsatzkonzentration / Seifensiederei
APRIKOSENKERNÖL	hellgelbes, mild und marzipanähnlich duftendes Öl mit hohem Ölsäuregehalt, enthält viele Vitamine (A, B, C, D, E), unraffiniert mit fruchtigem, typischem Geruch, auf der Haut mild, einhüllend, pflegend, zieht schnell ein, hinterlässt keinen Fettfilm, gewebefestigend, speichert Feuchtigkeit, beruhigt und regt den Stoffwechsel an; Alternative für Mandelöl bei Nussallergien. Achtung: nicht lange haltbar, wird schnell ranzig!	sehr gut für reife Haut; Massageöl, Reinigungs- und Badeöl, Basisöl für aromatherapeutische Mischungen; Seifenherstellung: in Kombination mit Olivenöl sehr feine Seife	Überfettungsöl oder Basisöl, 3-30 % unverseifbare Anteile: ca. 1-2 %, unraffiniert bis 6 % Verseifungszahl: 185–195
ERDNUSSÖL	dickflüssig, klar, leicht gelblich mit typisch nussigem Geruch und Geschmack; raffiniert fast geruchsneutral und viel heller; Zusammensetzung schwankt stark, enthält Vitamin E, zieht nur langsam ein, wenig Rückstände auf der Haut, gibt zugesetzte ätherische Öle nur langsam ab; 18 Monate haltbar	Basisöl für sehr trockene, schuppige Haut und Ekzeme, bei Kopfschuppen; gute Basis für Massageöle und Badeöl (4 ml auf ein Vollbad); traditionelles Öl in der Seifenherstellung	Basisöl, ca. 40 %; bekommt man günstig in Asialäden und in einigen Discountern unverseifbare Anteile: 0,5–1,0 % Verseifungszahl 185-195

Name	Beschreibung / Wirkung / Inhaltsstoffe	Einsatzgebiete*	Überfettung / Einsatzkonzentration / Seifensiederei
FÄRBERDISTELÖL / DISTELÖL	dünnflüssig; kräftige, goldgelbe Farbe; mild-nussig im Geschmack; hinterlässt auf der Haut keinen Fettglanz; Zusammensetzung: 80 % Linolsäure = höchster Linolsäuregehalt (2fach gesättigt) aller Pflanzenöle, enthält viel Vitamin E (46 mg auf 100 ml), A und Squalan; geschmacksneutral; 12 Monate haltbar	für normale bis fettfeuchte Haut, Mischhaut und unreine Hautpartien; bei Akne oder normaler Haut, die sich gern entzündet; rückfettendes Öl in Duschgels, in der Augenpflege und Abschminkmitteln, gutes Basisöl für Badeöle; für Seifenherstellung	zum Überfetten; macht die Seifen weich, ganz wenig verwenden unverseifbare Anteile: ca. 1 % Verseifungszahl 185-195
JOJOBAÖL	goldgelb, wird unter 7 °C fest; Besonderheit unter den Pflanzenölen, da eigentlich ein Wachs; geruchsneutral, macht die Haut glatt und geschmeidig, festigt Bindegewebe, beugt Faltenbildung vor; angenehm duftend; natürlicher Emulgator; fast unbegrenzt haltbar	besonders für trockene, rissige und reife Haut, trockene Kopfhaut, Ekzeme und Schuppenflechte; optimales, oxidationsstabiles Basisöl; Trägeröl für Naturparfüm, Lippenpflege, Reinigungscreme, Make-up Entferner	in der Seifensiederei: bis 8 % unverseifbare Anteile: ca. 50 % und mehr Verseifungszahl 90-98
KOKOSÖL	gepresst hell und dünnflüssig; unraffiniert mit feinem Kokosduft; schmilzt bei ca. 25 bis 28 °C, dadurch leicht kühlender Effekt, reichhaltig nachfettend, dringt nur langsam in die Haut ein, feuchtigkeitsspendend, nicht hitzeempfindlich; 1-2 Jahre haltbar	Basisöl für jede Haut, trockene Haut, rissige Haut, reife Haut, bei Neurodermitis; in After Sun-Lotionen, Haarpflegeprodukten (für trockenes, sprödes Haar); in Kombination mit anderen Ölen für die Seifenherstellung	gibt feste Seifen, Seifensiederei: bis ca. 40 % (evtl. mehr); Vorsicht: entfettet stark unverseifbare Anteile: 0,6-1,5 % Verseifungszahl: 242–263

* s. a. Tabelle: Zuordnung zu den Hauttypen auf S. 19

Name	Beschreibung / Wirkung / Inhaltsstoffe	Einsatzgebiete*	Überfettung / Einsatzkonzentration / Seifensiederei
LEINÖL	kaltgepresst leicht zähflüssig, klar, goldgelb bis leicht bräunlich; strenger, typischer Geruch und Geschmack; stark trocknendes Öl - daher in Kosmetik eher selten zu verwenden, lindert Juckreiz; höchster Anteil an 3fach ungesättigten Fettsäuren, daher für die Ernährung unbedingt zu empfehlen (Sie wissen ja, Schönheit kommt von innen!) ca. 3 Monate haltbar (s.a. Verpackung), kühl lagern	Zusatzöl für fette Haut, besonders zu empfehlen bei Akne, rissiger Haut, rauer Haut an Händen und Füßen, trockenen Hautausschlägen, Herpes Zoster (Gürtelrose); Umschlag mit Leinöl über Nacht gegen Krampfadern	Seife wird sehr weich; max. 5 % mit harten Fetten ausgleichen unverseifbare Anteile: max. 2 % Verseifungszahl: 187-196
MANDELÖL, SÜSS	klar, hellgelb; mild nussig duftend; eines der wertvollsten Pflanzenöle zur Hautpflege, sehr gut verträglich, reizfrei, gut fettend und einziehend; enthält Vitamine A, B und E, Mineralien Kalium, Phosphor, Calcium, Magnesium, Schwefel, Natrium, Eisen; kühl und dunkel lagern; 6-12 Monate haltbar	Basisöl für sehr empfindliche Haut; klassisches Kosmetiköl für jeden Hautzustand, auch sehr gut für die Babypflege, wirkt zudem gegen Falten	in der Seifensiederei: ca. 30 % unverseifbare Anteile: 1,5 % Verseifungszahl: 193-194
NACHTKERZENÖL	hellgelb; aus Samen der Nachtkerze gepresst oder extrahiert; feuchtigkeitsspendend, beruhigend und stabilisierend; reichhaltig, 71 % ungesättigte Fettsäuren; 6 Monate haltbar	bei Ekzemen, Juckreiz, Dermatitis, Akne, bei trockener, geröteter und zur Schuppenbildung neigender Haut, bei Sonnenbrand, Hitze, Stress, für schlecht heilende Narben, Schwangerschaftsstreifen und Orangenhaut; verbessert das Hautbild bei Schuppenflechte	in der Seifensiederei zur Überfettung; auch in Shampooseifen unverseifbare Anteile: 2,5 % Verseifungszahl: 198

* s. a. Tabelle: Zuordnung zu den Hauttypen auf S. 19

Name	Beschreibung / Wirkung / Inhaltsstoffe	Einsatzgebiete*	Überfettung / Einsatzkonzentration / Seifensiederei
OLIVENÖL	gelb bis grünlich-gelb; riecht und schmeckt typisch olivenfruchtig; schweres und fettiges Öl, das nur langsam in die Haut eindringt und einen minimalen Fettfilm hinterlässt, macht die Haut weich, ergibt reichhaltige Cremes; enthält viel Vitamin E und A; Vorsicht: nicht über 180°C erhitzen; mind. 18 Monate haltbar	Basisöl für trockene, reife, rissige Haut, gegen Haarschuppen; für Narben- und Nagelpflege, in Salben gegen alle Arten von Wunden, bei Verbrennungen, Juckreiz, Hautkrankheiten; Massageöl; für Haarpackungen, Ölumschläge; in der Seifenherstellung	in der Seifensiederei: bis 100 %, zwischendrin gut trocknen lassen unverseifbare Anteile: 0,6-1,2 % Verseifungszahl: 186-196
RAPSÖL	honiggelb und dickflüssig; geruchlos bis krautig; 65 % ungesättigte Fettsäuren, Vitamin E, Karotinsäure, Vitamin K, Provitamin A; kühl und dunkel lagern; 12 Monate haltbar	Basisöl für Ölmazerate (s. S. 44), da geschmacksneutral; v.a. bei schuppiger und rissiger Haut zu empfehlen; wichtig für Seifenherstellung, da sehr pflegend	in der Seifensiederei: bis 30 % unverseifbare Anteile: 1,5 % Verseifungszahl: 175-185
RIZINUSÖL	dickflüssig und klebrig; **Achtung: nicht einnehmen, ist toxisch!** max. 2 Jahre haltbar	für Haut und Haarpflege, gegen Warzen, bei Schnitt- und Schürfwunden, aufgesprungenen Händen und Füßen, Entzündungen (auch der Brustwarzen), Hämorrhoiden; Ölkuren für die Haare in Kombination mit anderen Ölen und Eigelb, gegen Altersflecken, bei Gelenkschmerzen	in der Seifensiederei: 15 % Vorsicht: Eigengeruch beachten unverseifbare Anteile: 1,5 % Verseifungszahl: 188-195

* s. a. Tabelle: Zuordnung zu den Hauttypen auf S. 19

Name	Beschreibung / Wirkung / Inhaltsstoffe	Einsatzgebiete*	Überfettung / Einsatzkonzentration / Seifensiederei
SESAMÖL	dunkel oder hell; helles, kalt gepresstes Öl schmeckt angenehm nussig; entschlackend, durchblutend, wärmend und reinigend (Ayurveda-Massagen); hoher Gehalt an mehrfach ungesättigten Fettsäuren, an Vitamin E, den Spurenelementen Mangan, Nickel, Eisen, natürlichen Antioxidantien (Sesamol und Sesamolin) kühl und dunkel lagern; 1 Jahr haltbar	Mund-Ölziehkur (Ayurveda), bei Parodontose und Zahnfleischentzündungen, bei trockener, reifer, fahler und schlecht durchbluteter Haut, frühzeitiger Hautalterung; Haar- und Kopfhautpflege für trockenes Haar; Massageöle, natürlicher Sonnenschutzfilter von ca. 3-4	in der Seifensiederei: 15 % (ggf. mehr); Shampooseifen, Schaumbildner unverseifbare Anteile: 0,5-1 % Verseifungszahl: 176-187
SONNENBLUMENÖL	hellgelb und leicht; geruchlos, milder Geschmack; Neuzüchtungen können bis zu 80 % Ölsäure enthalten; zieht gut ein, kein Fettfilm, sehr pflegend, viele ungesättigte Fettsäuren und hoher Vitamin-E-Gehalt; 9 Monate haltbar	für viele Hauttypen, Basisöl (z. B. für Badeöle), Emulsionen, für Seifenherstellung	in der Seifensiederei: 20 % Vorsicht: Eigengeruch beachten unverseifbare Anteile: 1,5 % Verseifungszahl: 188-195
WEIZENKEIMÖL	orangegelb; angenehmer, getreideartiger Geschmack und Geruch; wirkt leicht hautstraffend; aus den Keimen des Weizenkorns durch Kaltpressung oder Extraktion gewonnen (1 Tonne Weizen für 2 Liter Öl, daher recht teuer); sehr hoher Vitamin-E-Gehalt, auch Provitamin A- und Lecithin; hitzeunverträglich, kühl lagern; nach Anbruch 2 Monate haltbar	für jeden Hauttyp, aber v.a. bei sehr trockener, reifer und strapazierter Haut; für sehr reichhaltige Cremes und Lotionen, kann mit ätherischen Ölen auf den Hauttyp abgestimmt werden; für Haar- und Kopfhautpflege	in der Seifensiederei: 2-6 %, zum Überfetten unverseifbare Anteile: 3,5-6 % Verseifungszahl: 175-195

* s. a. Tabelle: Zuordnung zu den Hauttypen auf S. 19

Zuordnung der wichtigsten Öle zu den Hauttypen

Öl	Baby-haut	normale Haut	trockene Haut	fett-feuchte Haut	Misch-haut	reife Haut
Aprikosenkernöl	x	x	x	x	x	x
(Färber-)Distelöl				x	x	
Erdnussöl			x			
Haselnussöl		x				
Jojobaöl	x	x	x	x	x	x
Kokos			x			x
Kürbiskernöl			x			x
Leinöl			x	x	x	
Maiskeimöl	x	x				
Mandelöl	x	x	x		x	x
Olivenöl			x		x	x
Rapsöl			x			x
Rizinusöl		x	x	x	x	x
Sesam			x			x
Sojaöl			x			
Sonnenblumenöl	x	x	x	x	x	
Wildrosenöl		x	x	x	x	x

Fette & Wachse

Name	Beschreibung / Wirkung
Kakaobutter	pflegt die Haut, macht sie zart und geschmeidig, festigt Cremes und Körperlotionen, Überfettungsöl in der Seifensiederei
Bienenwachs	Cera Flava = gelbes Wachs Cera alba = gebleichtes (weißes) Wachs Einsatz als Konsistenzgeber und schwacher Co-Emulgator, pflegend bei trockener, spröder, gereizter Haut, in der Haarpflege in Spitzenbalsamen etc.
Lanolin (Wollwachs)	wasserfreies Wollwachs, aus Schafwolle gewonnen, kann ein Vielfaches seines Gewichts an Wasser aufnehmen = Einsatz als Emulgator, sehr hautpflegend, Verarbeitung in Wund- und Hautschutzsalben (beschleunigt Wundheilung), in Babycremes, für strapazierte Haut und Haar als Haarspitzenfluid Achtung: Manche Menschen vertragen Lanolin nicht.
Sheabutter	gelbliche Paste, eigentümlicher Geruch, macht die Haut geschmeidig und hält sie elastisch (Narbenpflege), feuchtigkeitserhaltend, in Lippenbalsam, Nasen- und Brustsalben, vorbeugend gegen Schwangerschaftsstreifen; gut verträglich; Salbengrundlage: erwärmen und dann Wirkstoff hinzufügen; zur Überfettung in der Seifensiederei.
Mandelbutter	gehärtetes Mandelöl
Olivenbutter	ist Olivenöl mit 50%igem Anteil an unverseifbaren Komponenten; wie Öl zu verarbeiten, hat aber festere Konsistenz; gut geeignet für Seifen und Massagebutter, regeneriert und revitalisiert, sehr gut für trockene, schuppende, empfindliche Haut und trockenes Haar, gute Alternative zu Sheabutter

Kräuter

Ein wesentlicher Bestandteil – wenn nicht der wichtigste Bestandteil – von selbst gemachten Shampoos, Cremes und Seifen sind Kräuter.

Kräuter haben Inhaltsstoffe (z. B. Alkaloide, Bitterstoffe, Flavonoide, Gerbstoffe usw.), die verschiedene Wirkungen entfalten können. Ausführliche Informationen finden Sie auf meiner Webseite *www.landeruns.blogspot.de* oder in entsprechenden Kräuterhandbüchern.

Zusätzlich zu den eben genannten Inhaltsstoffen enthalten Pflanzen aber auch **Vitamine**, **Mineralien**, **Kieselsäure** (unentbehrlicher Baustein für den Organismus), **ätherische Öle** und vieles mehr. Das können wir uns für die Herstellung unserer Pflegeprodukte sehr gut nutzbar machen.

Kräuter richtig sammeln

Regel Nr. 1

Sammeln Sie nur das, was Sie sicher kennen und bestimmen können. Nehmen Sie Hilfe in Anspruch – durch entsprechende Ratgeberliteratur, durch Führungen im Kräutergarten oder sogar entsprechende Kurse (von Kräuterkundigen in der Natur oder auf der Volkshochschule) oder durch die Apo-

thekerin. Im Notfall getrocknete Kräuter im Handel besorgen. Natürlich sind diese nicht feldfrisch, aber Verwechslungen können böse Folgen haben. Daher unbedingt vor dem Sammeln der Pflanzen ausführlich über das Aussehen und mögliche eventuell **giftige Doppelgänger** informieren.

Vergiftungen können sich durch folgende Symptome zeigen: erweiterte Pupillen, Euphorie, starke Erregung, Halluzinationen in Verbindung mit Doppelt-Sehen, Trockenheit in Mund und Rachen, Durstgefühl, Gleichgewichtsstörungen, Muskelzucken, Verwirrtheitszustände, Schweißausbrüche, schwerwiegende Sinnestäuschungen, Erbrechen, Durchfall, vermehrter Speichelfluss, Herzrhythmus-Störungen. Dann heißt es: Sofort zum Arzt!

Regel Nr. 2
Sammeln Sie grundsätzlich fernab von viel befahrenen Straßen, Industriegebieten, Mülldeponien (auch ehemaligen), Bahndämmen, großen Tierzuchtanstalten und niemals auf frisch gedüngten Feldern und Wiesen!

Regel Nr. 3
Beste Sammelzeit für die oberirdischen Teile ist die Zeit, wenn der Morgentau getrocknet ist, bis zur Mittagszeit bei schönem, trockenem Wetter. Wurzeln werden am frühen Morgen oder späten Abend ausgegraben, da die Wirkstoffkonzentration dann am höchsten ist. Außerdem gräbt man am besten im Herbst, da die Pflanze in der Ruhephase alle Kräfte in der Wurzel einlagert.

Regel Nr. 4
Ernten Sie nur so viel, wie Sie wirklich brauchen, und ernten Sie nicht alles ab, was da an Ort und Stelle steht.
Schneiden Sie die Pflanzen ab und lagern Sie sie in einem Weidenkorb getrennt voneinander. Seien Sie wählerisch, nehmen Sie nur unversehrte Exemplare und knicken Sie sie nicht.
Wurzeln und Knollen nach dem Ausgraben etwas abschütteln, zu Hause mit einer Bürste abbürsten.

Regel Nr. 5
Kleiden Sie sich zweckmäßig (feste Schuhe, lange Hosen, Kopftuch). Das Wichtigste: Handschuhe, falls es dornig zugeht.
Manche Landwirte haben es gar nicht gern, wenn man über ihre Wiesen läuft, im Zweifelsfall vorher fragen.

ACHTUNG!

Einige alkaloidhaltige (giftige) Pflanzen, die Sie nicht nutzen sollten, sind: Tollkirsche, Stechapfel, Bilsenkraut, Gefleckter Schierling, Goldregen (besonders der Samen), Besenginster, Lupine (Samen), Eisenhut, Herbstzeitlose, Weißer Germer, Wasserschierling, Schöllkraut, Buschwindröschen, Scharfer Hahnenfuß, Eibe (außer rotes Fruchtfleisch), Virginscher Tabak, Einbeere, Konrade, Wolliger Schneeball, Gartengeißblatt

ACHTUNG!

Alle Pflanzen, die unter Naturschutz oder auf der Liste der bedrohten Arten stehen, werden natürlich nicht gesammelt!

Und noch eine mir wichtige Sache:
Eine Pflanze ist ein Teil der Natur um uns herum, begegnen Sie ihr bitte mit Respekt. Zu früheren Zeiten zog ein Holzfäller vor dem zu fällenden Baum den Hut und bat um Vergebung, weil er dem Baum das Leben nahm. Ebenso taten und tun es die Kräuterkundigen, sie sprachen mit der Pflanze und sag(t)en ihr, für welchen Zweck sie benötigt wird. Für unsere Ahnen war das Ernten von Pflanzen eine heilige Handlung, die nach einem ganz bestimmten Regelwerk geschah.

Das mag uns heute übertrieben erscheinen, aber versuchen Sie ruhig mal, beim Sammeln nur gute Gedanken zu haben, sich ins Bewusstsein zu rufen, was Sie tun.

Ein Sammelkalender hilft Ihnen dabei, für alle wichtigen Kräuter den jeweils richtigen Sammelzeitpunkt zu finden. Sie können ihn auf meinem Blog (*www.landeruns.blogspot.de*) oder beim Verlag (*www.buchverlag-fuer-die-frau.de*) einsehen.

Aufbereitung des Sammelgutes

- Sortieren Sie die Kräuter und begutachten Sie sie kritisch. Manche müssen Sie vielleicht noch aussortieren, andere sind nicht ganz sauber und müssen gewaschen werden. Einige Kräuter werden in Öl, andere in Alkohol eingelegt.

- Einen Teil der Kräuter werden Sie trocknen – so haben Sie einen Vorrat, den Sie allerdings im nächsten Jahr ersetzen müssen.

- Zum Trocknen die großen Pflanzen zu Sträußen zusammenfassen, um die Stängel eine Schlaufe legen und die Enden verknoten. Durch das Eigengewicht des Krautes zieht sich die Schlaufe zusammen und es kann nichts herausfallen.

- Der Raum sollte weder feucht noch großen Temperaturschwankungen ausgesetzt sein. Die Kräuter brauchen einige Zeit zum Trocknen. Erst wenn sie wirklich „krachtrocken" sind (wie man hier sagt = also wenn überhaupt keine Feuchtigkeit mehr drin ist), kann man sie in gut verschließbaren Blechbüchsen oder Gläsern lagern (sorgfältige Beschriftung nicht vergessen!).

- Die kleineren Pflanzenteile wie Blätter und Blüten trocknete meine Großmutter früher immer auf dem kalten Kachelofen, auf Zeitungspapier gelegt. Da ich nicht weiß, was in der Druckerschwärze ist, trockne ich meine Kräuter auf (gewaschenen, nicht weichgespülten) Leinentüchern oder auf Küchenpapier.

- Frische Wurzeln werden gesäubert, die dicken mit der Brotschneidemaschine zu Scheiben geschnitten, wie Pilze an einer Angelschnur aufgefädelt und breit aufgehängt. Bitte kontrollieren Sie die Abstände der Wurzelscheiben, so dass nichts zusammenklebt. Haarige Wurzeln (Brennnessel) einfach an eine einzelne Schnur hängen.

Kräuter für unsere Rezepturen

Natürlich müssen Sie wissen, welche Pflanze bzw. welches Kraut und wiederum welchen Pflanzenteil Sie für Ihr Shampoo oder Ihre Creme benutzen sollen. Genauere Hinweise finden Sie auch bei den Rezepturen.

Außerdem sollten Sie Bescheid wissen, welche Wirkung die Pflanzen auf den Organismus haben. Ich werde Ihnen die für die Rezepturen dieses Buches wichtigsten Kräuter vorstellen – mit den wesentlichen Eckdaten, ohne Anspruch auf Vollständigkeit.

Ausführliche Pflanzenbeschreibungen finden Sie auf meinem Blog (*www.landeruns.blogspot.de*). Hier können Sie unter anderem den lateinischen und die volkstümlichen Namen, die Inhaltsstoffe, die Wirkung(en), die typischen Sammelorte sowie Informationen zu Wuchshöhe, Austrieb, Sammelgut und -zeit etc. nachlesen.

Soweit nicht anders angegeben, sind alle Rezepturen auch für Babys und Kinder geeignet. Schwangere sollten jedoch aufpassen: Einige der genannten Kräuter sind für sie nicht geeignet. Eine Übersicht finden Sie hier.

Kräuter, die Sie in der Schwangerschaft meiden sollten

Bitte beachten: Diese Liste erhebt keinen Anspruch auf Vollständigkeit.
Bitte fragen Sie Ihre Hebamme bzw. Ihren Arzt.

Name	Wirkung
Aloe Vera	Blätter wirken stark abführend, sollten nicht innerlich angewandt werden
Anis	Küchengewürz in den üblichen Mengen, ätherisches Öl ist gebärmutterwirksam
Basilikum	Küchengewürz in den üblichen Mengen, ätherisches Öl ist gebärmutterwirksam, kann Geburt beschleunigen (Hebamme oder Arzt fragen)
Beifuß	Küchengewürz in den üblichen Mengen, keine Anwendung des Öls während Schwangerschaft, Geburt und Stillzeit
Beinwell	Giftstoffe! nicht innerlich anwenden
Blutwurz	ätherisches Öl ist gebärmutterwirksam, kann Erbrechen hervorrufen
Bockshornklee	Küchengewürz in den üblichen Mengen, ätherisches Öl ist gebärmutterwirksam
Fenchel	Küchengewürz in den üblichen Mengen, ätherisches Öl ist gebärmutterwirksam
Frauenmantel	ätherisches Öl ist gebärmutterwirksam, zur Geburtserleichterung (Hebamme oder Arzt fragen)
Himbeerblätter	wirkt entspannend auf die Gebärmutter, wodurch sich der Muttermund vorzeitig öffnen kann
Hirtentäschel	ätherisches Öl ist gebärmutterwirksam, zur Geburtserleichterung (Hebamme oder Arzt fragen)
Jasmin-Öl	wirkt entspannend, aber gebärmutterwirksam
Kamillen-Öl	Küchengewürz in den üblichen Mengen, ätherisches Öl ist gebärmutterwirksam

Name	Wirkung
Lavendel	Küchengewürz in den üblichen Mengen, ätherisches Öl ist gebärmutterwirksam
Nelkenöl	ätherisches Öl ist gebärmutterwirksam, zur Geburtserleichterung (Hebamme oder Arzt fragen)
Petersilie	Küchengewürz in den üblichen Mengen
Pfefferminz-Öl	Küchengewürz in den üblichen Mengen, ätherisches Öl ist gebärmutterwirksam
Pomeranze	Küchengewürz in den üblichen Mengen, ätherisches Öl ist gebärmutterwirksam
Rosmarin	Küchengewürz in den üblichen Mengen, ätherisches Öl ist gebärmutterwirksam
Salbei	Küchengewürz in den üblichen Mengen, ätherisches Öl ist gebärmutterwirksam, hemmt stark Milchbildung, beim Abstillen nutzen
Schafgarbe	Küchengewürz in den üblichen Mengen, ätherisches Öl ist gebärmutterwirksam, zur Geburtserleichterung (Hebamme oder Arzt fragen)
Tee, schwarzer	innerlich max. zwei Tassen am Tag, sonst gibt's Herzklopfen
Thymian-Öl	Hebamme oder Arzt fragen, da widersprüchliche Meinungen
Wacholder & Wacholder-Öl	ätherisches Öl ist gebärmutterwirksam, zur Geburtserleichterung (Hebamme oder Arzt fragen)
Wermut	ätherisches Öl ist gebärmutterwirksam, wirkt auch auf die Menstruation, löst frühzeitige Wehen aus, keine Anwendung in der Stillzeit (Hebamme oder Arzt fragen) (Na, mit Absinth wollen wir doch lieber auch so vorsichtig sein ...)
Yamswurzel	ätherisches Öl ist gebärmutterwirksam, zur Geburtserleichterung (Hebamme oder Arzt fragen)
Zimt	Küchengewürz in den üblichen Mengen, ätherisches Öl ist gebärmutterwirksam

Zuordnungen der Kräuter zur Hautpflege

Baby- & Kinderhaut
Bärlauchsporen aus der Apotheke, Hamamelis (Apotheke), Johanniskraut, Kamille, Lavendel, Malve, Ringelblume

trockene Haut
Ackerschachtelhalm, Aloe, Brennnessel Ehrenpreis, Kamille, Malve, Melisse, Rose, Rotklee, Wegerich, Weißdorn

Mischhaut
Ackerschachtelhalm, Efeu, Hamamelis, Heidekraut, Kamille, Lavendel, Mädesüß, Malve, Melisse, Rose, Thymian, Wegerich

normale Haut
Ackerschachtelhalm Aloe, Birke, Brombeere, Ehrenpreis, Erdrauch, Gänseblümchen, Hamamelis, Kamille, Labkraut, Löwenzahn, Malve, Melisse, Nachtkerze, Pestwurz, Ringelblume, Rose, Stiefmütterchen, Wildes, Wegerich

sensible/empfindliche Haut
Brennnessel, Ehrenpreis, Eibisch, Eisenkraut, Erdbeere, Johanniskraut Malve, Kamille, Ringelblume

reife Haut
Ackerschachtelhalm, Hopfen, Johanniskraut, Ringelblume, Rotklee, Rose

fett-feuchte Haut
Aloe, Ackerschachtelhalm, Brennnessel, Brunnenkresse, Brombeere, Ginster, Hamamelis, Himbeere, Johanniskraut, Labkraut, Lavendel, Mädesüß, Malve, Melisse, Ringelblume, Rose, Rosmarin, Salbei, Schafgarbe, Spitzwegerich, Stiefmütterchen, Tausendgüldenkraut, Thymian, Wegerich

Akne
Heidkraut, Kamille, Malve, Salbei

Mitesser
Melisse, Quendel, Rosmarin, Schwarzer Tee, Thymian

Rosazcea
Löwenzahnwurzel, Heidekraut, Melisse, Rose, Thymian, Wegerich

Couperose
Heidekraut, Lindenblüten, Minze, Schafgarbe

Falten
Bohnenkraut, Lindenblüten, Salbei, Schafgarbe

Sonnenbrand
Aloe, Johanniskraut, Lavendel

Zuordnungen der Kräuter zur Haarpflege

Baby & Kleinkinder
Gänseblümchen, Kamille
Linde, Ringelblume

**jedes Haar /
normales Haar Kamille**
Kastanie, Lavendel,
Linde, Lindenblüten,
Pfefferminze, Rose,
Ringelblume, Wacholder
(außer blond), Zitrone

Schuppen
Arnika, Birke, Buchs-
baum, Ginster, Heublu-
men-Spülung *(nicht für
Blond)*, Klettenwurzel,
Quecke, Quitten *(Haarfes-
tiger)*, Rosmarin, Salbei,
Sellerie, Weide

trockenes Haar
Henna neutral ohne
Farbstoff, Kamille *(nur für
blondes Haar)*, Linde *(gut
für Blond)*, Löwenzahn,
Rhabarber, Zitrone,
Zitronenmelisse

**Haarausfall /
strapaziertes und kraft-
loses Haar**
Birke, Brennnessel,
Buchsbaum, Kapuziner-
kresse, Klettenwurzel,
Lindenblüten

fettiges Haar
Birke, Brennnessel, Efeu
Eibisch *(nicht für blondes
Haar)*, Erle, Hopfen, Huf-
lattich *(nicht für blondes
Haar)*, Kastanie, Laven-
del, Linde, Löwenzahn,
Melisse, Orange, Ros-
marin, Salbei, Schach-
telhalm, Schafgarbe,
Thymian, Weide, Zitrone

**Spliss / empfindliches
Haar**
Birke, Brennnessel, Ka-
mille, Klette, Lindenblü-
ten, Malve, Ringelblume

Ätherische Öle

Von jeher mag ich es, wenn es gut duftet – nach Natur. Aromen schenken uns
Wohlbefinden und haben sogar thera-
peutische Wirkung. Aromaöle befinden
sich in besonderen Drüsenhaaren oder
-schuppen der Oberhaut von Pflanzen
(Epidermis), außerdem in Ölzellen, die
sich in den sog. Exkretbehältern (Blätter, Blüten, Früchte, Wurzeln und Wur-
zelgeflechte) sowie im Holz befinden.

Die Heilkraft der ätherischen Öle schät-
ze ich als willkommene Ergänzung zu
den herkömmlichen Methoden und
Mittelchen. In der Schwangerschaft,
Stillzeit und bei der Kinderpflege sind
sie unentbehrliche Begleiter; sie sind
aber auch eine „Geheimwaffe", um z. B.
mit Erkältungen fertig zu werden.

Wichtig:

- Solche hochreinen Konzentrate selbst herzustellen, ist zwar zuhause mit entsprechender Apparatur möglich, aber die Menge des benötigten Pflanzenmaterials und der Aufwand sind groß. Was man mit relativ wenig Aufwand herstellen kann, sind Duftwässer, dazu später mehr (S. 40).

- Kaufen Sie bitte nur 100 % reine ätherische Öle. Nur so können Sie sicher sein, das das Öl unverfälscht, ohne synthetische Zusätze, naturbelassen = genuin und authentisch, d. h. nur aus dieser Pflanze, ist.

- Auf dem Etikett der Flaschen sollte stehen:
  - „100 % naturreines ätherisches Öl"
  - Name der verwendeten Pflanze in Deutsch und Latein
  - Herkunftsland
  - ob die Pflanzen aus biologischer, konventioneller Aufzucht oder aus Wildsammlung stammen (nach Möglichkeit nur Öle aus biologischem Anbau oder Wildsammlung verwenden, um Verunreinigungen mit Pestiziden zu vermeiden!)
  - Chargennummer
  - Angabe, welcher Teil der Pflanze zur Gewinnung genutzt wurde und durch welches Verfahren das Öl gewonnen wurde (z. B. Extraktion, Wasserdampfdestillation, Kaltpressung)
  - verwendete Löse- und Verdünnungsmittel sowie das Mischungsverhältnis der Verdünnung

Anwendung von ätherischen Ölen

Man kann ätherische Öle äußerlich und innerlich anwenden. Die Dosierung ist in jedem Fall genau einzuhalten, da es sich um Hochkonzentrate handelt und bei fehlerhafter Anwendung unerwünschte Wirkungen auftreten können.

Wichtig:

Nicht in der Schwangerschaft verwenden: Angelika, Anis, Basilikum, Bay, Bohnenkraut, Estragon, Fenchel, Gewürznelke, Grüne Minze, Kampfer, Majoran, Melisse, Minze, Muskat, Muskatellersalbei, Myrrhe, Organum, Petersilie, Rosmarin, Thymian, Verbena, Wacholder, Ysop, Zedernholz, Zimt und Zistrose.

Während der Stillzeit: nur Jasmin, Kamille und Rose verwenden; zwischen der Anwendung und der nächsten Stillmahlzeit zwei Stunden vergehen lassen.

MEIN PERSÖNLICHER TIPP

Beim Stillen nach Bedarf (wie es ja sein sollte) könnte dies schwierig werden. Ich habe deswegen ganz auf diese ätherischen Öle verzichtet. Denn mein Kindchen kam niemals in einem festen zeitlichen Rhythmus, nach dem man sich hätte richten können. Öle mit wundheilender oder milchbildender Wirkung dagegen darf man verwenden.

Bei Kindern muss niedriger dosiert werden. Außerdem sind alle Öle unbedingt ohne Ausnahme außerhalb der Reichweite von Kindern aufzubewahren. Immer die vorgeschriebenen Dosierungen einhalten und nur die Öle verwenden, die für die Kleinen geeignet sind. Zum Einsatz kommen hier beruhigende und entspannende Öle. Auf jeden Fall sollte man Rücksprache mit dem Kinderarzt halten und auch bei der Anwendung äußerste Vorsicht walten lassen. Niemals mit Kind im Tragetuch oder im Arm mit geöffneter Flasche hantieren: Wie leicht kann ein Tropfen

buchstäblich ins Auge gehen oder auf die Lippen kommen und Vergiftungen hervorrufen!

Epileptiker meiden bitte diese Öle: Basilikum, Fenchel, Kampfer, Krauseminze, Salbei, Ysop, Zedernholz und Zypresse.

Menschen mit **erhöhtem Blutdruck** sollten Rosmarin, Thymian, Ysop und Salbei meiden.

Allergiker meiden alle Zitrusöle sowie Lorbeer, Zimtrinde und Cassia.

Prinzipiell gilt:

- Manche Öle dürfen nur in geringen Mengen und nicht dauerhaft eingenommen werden, weil sie dann toxisch wirken können.

- Bevor man erwägt, ein Öl einzunehmen, bitte umfassend informieren und auch einen Fachmann aufsuchen.

- Einige Öle dürfen auf gar keinen Fall bzw. nur in therapeutischen Dosen innerlich angewendet werden, da sie Organschäden verursachen können. Hierzu zählen u.a. Anis, Basilikum, Bohnenkraut, Fenchel, Gewürznelke, Kampfer, Muskat, Organum, Petersilie, Pfeffer, Salbei, Thymian, Ysop und Zimt.

- Als gut verträglich und ungiftig werden Teebaum, Lavendel und Rose eingestuft.

- Einige Öle reizen die Haut bei Überdosierung, hierzu gehören: Angelika, Anis, Basilikum, Cajeput, Eukalyptus, Fenchel, Grüne Minze, Ingwer, Kampfer, Kardamom, Kiefernnadel, Koriander, Lemongras, Litsea cubeba, Limette, Mandarine, Melisse, Niaouli, Orange, Pfeffer, Pfefferminze, Tanne, Verbene, Weißtanne und Zitrone; in niedrigen Dosen Bohnenkraut, Gewürznelke, Kümmel, Organum, Zimtrinde, Zimtblätter.

- Wenn Sie sich einer homöopathischen Behandlung unterziehen, bitte ätherische Öle nur niedrig dosiert und äußerlich anwenden (z. B. Duftlampe)! Kamille, Kampfer, Pfefferminze und Thymianöle können die Wirkung homöopathischer Mittel stark beeinflussen.

- Es gibt Öle, die die Lichtempfindlichkeit der Haut erhöhen: Dazu zählen Angelikawurzel, Johanniskraut, Karottensamen, Kreuzkümmel, Verbene, Petitgrain und alle Zitrusöle wie Bergamotte, Bitterorange, Blutorange, Orange, Zitrone, Limone, Mandarine und gepresste Limette. Wenden Sie diese Öle aber abends an, dann können sie über Nacht wirken. Es sollten mindestens vier Stunden bis zum nächsten Sonnenbad vergehen.

Ätherische Öle – Übersicht

Nachfolgend finden Sie eine Übersicht der von mir favorisierten Öle in der Naturkosmetik. Die innerliche Anwendung ist hier bewusst ausgeklammert.

Achtung: Es gibt Allergien auf bestimmte ätherische Öle, z. B. bei Menschen mit Heuschnupfen.

[Tr = Tropfen; ml = Milliliter]

ANIS

Gewinnung	Wasserdampfdestillation (WD)
Pflanzenteil	Samen und Kraut
Duftprofil	würzig, süß
Wirkung	ausgleichend, beruhigend, entspannend, stimmungsaufhellend
Anwendung	Massageöl bei Magen-Darm-Beschwerden, zur Zahnpflege in Pasten und Pulver, Gurgelwasser, Duftlampe bei Erkältungskrankheiten
Passt zu	Koriander, Fenchel, Zimt, Kreuzkümmel, Bergamotte, Orange
Dosierung	Duftlampe: 5-10 Tr auf 50 ml Wasser Trägeröl: max. 10 Tr äth. Öl auf 50 ml Öl Bad: max. 15 Tr in süßer Sahne oder (Ziegen-)Milch anrühren

BAY

Gewinnung	Wasserdampfdestillation (WD)
Pflanzenteil	Blätter und Früchte
Duftprofil	maskulin, würzig, herb
Wirkung	Wärmend und anregend, durchblutungsfördernd
Anwendung	in Haarwasser und Haarölen zur Stärkung und Anregung des Haarwuchses; Duftlampe reinigt die Raumluft
Passt zu	Benzoe, Orange, Ingwer, Zimt, Zeder, Zitrone
Dosierung	Duftlampe: 4 Tr auf 50 ml Wasser Trägeröl: 8 Tr äth. Öl auf 50 ml Öl

CAJEPUT

Gewinnung	Wasserdampfdestillation (WD)
Pflanzenteil	frische Zweigspitzen und Blätter
Duftprofil	mild, ähnlich Eukalyptus, frisch, klar, kühl
Wirkung	aktiviert, reinigt und klärt
Anwendung	neuralgische Schmerzen, bei Hautentzündungen, Schuppenflechte, Akne, Haarausfall, Mundpflege
Passt zu	Rosmarin oder Niaouli
Dosierung	Duftlampe: 4 Tr auf 50 ml Wasser Trägeröl: 10 Tr äth. Öl auf 50 ml Öl

FENCHEL

Gewinnung	Wasserdampfdestillation (WD)
Pflanzenteil	Früchte
Duftprofil	würzig, weich, krautig-süß
Wirkung	vitalisierend, entspannend, lösend, ausgleichend
Anwendung	fettige, unreine Haut; Auflagen bei Blähungen
Passt zu	Anis, Kümmel, Koriander, Melisse, Minze, Rose, Sandelholz, Koriander, Rosen
Dosierung	Duftlampe: 5-10 Tr auf 50 ml Wasser Trägeröl: 20 Tr äth. Öl auf 50 ml Öl Bad: max. 15 Tr in süßer Sahne oder (Ziegen-) Milch anrühren

GERANIUM

Gewinnung	Wasserdampfdestillation (WD)
Pflanzenteil	Blätter
Duftprofil	rosig-blumig, weich
Wirkung	stimmungsaufhellend, entspannend, anregend, ausgleichend
Anwendung	Wundheilung, Akne, trockene Ekzeme, Cellulite, Bläschen, Gesichtsneuralgien, Karies, alternde Haut
Passt zu	mit Zitrusdüften, Jasmin, Lavendel, Melisse, Muskatellersalbei, Rose
Dosierung	Duftlampe: 3 Tr auf 50 ml Wasser Trägeröl: 3 Tr äth. Öl auf 50 ml Öl Bad: max. 2 Tr in süßer Sahne oder (Ziegen-) Milch anrühren

KAMILLE

Gewinnung	Wasserdampfdestillation (WD)
Pflanzenteil	Blüten
Duftprofil	krautig, würzig, heuartig
Wirkung	ausgleichend, beruhigend, entspannend
Anwendung	zur Wundheilung, besonders bei Babys und Kleinkindern, zur Inhalation bei Schnupfen, Hautinfektionen, bei trockener und empfindlicher Haut, Neigung zu Äderchen, bei Menstruationsbeschwerden als entspannendes Bad
Passt zu	Rosenholz, Lavendel und Sandelholz
Dosierung	Duftlampe: 5-10 Tr auf 50 ml Wasser Trägeröl: 5-10 Tr äth. Öl auf 50 ml Öl Bad: max. 8 Tr in süßer Sahne oder (Ziegen-) Milch anrühren

MANDARINE

Gewinnung	Kaltpressung Schalen
Pflanzenteil	Schale
Duftprofil	frisch, spritzig, süß
Wirkung	aufheiternd, entspannend, angstlösend, tröstend
Anwendung	besonders für Kinder in Verbindung mit Ylang-Ylang und Vanille, zur Beruhigung von sehr aktiven Kindern, zur Förderung der Konzentration, als Massageöl zur Angstlösung, auch gegen Schwangerschaftsstreifen
Passt zu	Vanille, Rose, Ylang-Ylang
Dosierung	Duftlampe: 6 Tr auf 50 ml Wasser, Trägeröl: 10 Tr äth. Öl auf 50 ml Öl Bad: max. 3 Tr in süßer Sahne oder (Ziegen-) Milch anrühren

LAVENDEL

Gewinnung	Wasserdampfdestillation (WD)
Pflanzenteil	Blüten
Duftprofil	typisch Lavendel, blumig-krautig
Wirkung	entspannend, angstlösend, aufhellend, beruhigt die Nerven
Anwendung	alle Hauterkrankungen, auch der Kopfhaut, nach Insektenstichen, bei Akne, trockener Haut, Ekzemen, Furunkeln, stillt Juckreiz
Passt zu	Bergamotte, Geranium, Kiefer, Muskatellersalbei, Orange und Rose, Kiefer und Tanne
Dosierung	Duftlampe: 4 Tr auf 50 ml Wasser Trägeröl: 20 Tr äth. Öl auf 50 ml Öl Bad: max. 3 Tr (in süßer Sahne oder (Ziegen-) Milch anrühren) **Mein besonderer Tipp für Migränepatienten:** 2 Tr auf ein Stück Würfelzucker lutschen, bei starken Anfällen bis max. 4 Tr; ich habe auf diese Weise meine Migräneattacken in den Griff bekommen! Bitte vorher den Arzt fragen.

MELISSE

Gewinnung	Wasserdampfdestillation (WD)
Pflanzenteil	Kraut
Duftprofil	hell, licht, spritzig, zitrusähnlich
Wirkung	ausgleichend, beruhigend, erfrischend
Anwendung	Massageöl gegen Verspannungen, Stress, Angst und Alpdruck, Wetterfühligkeit; antibakteriell, bei Herpesbläschen pur auftupfen
Passt zu	Lavendel, Teebaum, Rose, Zitrone
Dosierung	Duftlampe: 1 max. 2 Tr auf 50 ml Wasser Trägeröl: 2 Tr äth. Öl auf 50 ml Öl Bad: max. 2-5 Tr in süßer Sahne oder (Ziegen-) Milch anrühren; Melissengeist: 3 Tr in 50 ml Wodka

MUSKATELLERSALBEI

Gewinnung	Wasserdampfdestillation (WD)
Pflanzenteil	Kraut
Duftprofil	würzig, herb
Wirkung	entspannend, öffnend, entkrampfend, euphorisierend, erotisierend
Anwendung	Massageöle für Mann und Frau, sorgt für gute Träume ☺, bringt äußerlich auf den Unterleib einmassiert Linderung bei Menstruationsbeschwerden, auch bei fettiger Haut und Entzündungen
Passt zu	Rose, Bergamotte, Orange, Sandelholz, Zeder und Zypresse
Dosierung	Duftlampe: 7 Tr auf 50 ml Wasser Trägeröl: 8 Tr äth. Öl auf 50 ml Öl Bad: max. 5 Tr in süßer Sahne oder (Ziegen-) Milch anrühren

MYRRHE

Gewinnung	Extraktion in Alkohol
Pflanzenteil	Harz
Duftprofil	bitter, magisch, geheimnisvoll
Wirkung	reinigend, ausgleichend
Anwendung	Mundpflege bei Zahnfleischentzündungen, zur Meditation, Auflage bei schlecht heilenden Wunden, bei Menstruationsbeschwerden, zur Raumluftreinigung
Passt zu	Orange, Rose, Weihrauch
Dosierung	Duftlampe: 5 Tr auf 50 ml Wasser Trägeröl: 15 Tr äth. Öl auf 50 ml Öl Gurgellösung: 1 Tr auf ein Glas Wasser

NELKE

Gewinnung	WD
Pflanzenteil	Blütenknospen
Duftprofil	erwärmend, tonisierend, wundheilend
Wirkung	erwärmend, tonisierend, wundheilend
Anwendung	pur bei Zahnschmerzen, ansonsten in Zahncreme
Passt zu	Orange, Zimt, Kardamom, Zitrusdüfte
Dosierung	Duftlampe: 2 Tr auf 50 ml Wasser; Trägeröl: 1-max. 2 Tr äth. Öl auf 50 ml Öl; Gurgellösung: 1 Tr auf ein Glas Wasser

ORANGE

Gewinnung	Kaltpressung
Pflanzenteil	Schale
Duftprofil	warm, spritzig, süß, fruchtig
Wirkung	beruhigend, entkrampfend, kräftigend, aufheiternd, angstlösend, ausgleichend
Anwendung	bei trockener Haut, Cellulite; gegen Insekten
Passt zu	Zimt, Vanille, Bergamotte, Nelke, Ylang-Ylang, Jasmin, Patschuli
Dosierung	Duftlampe: 6 Tr auf 50 ml Wasser; Trägeröl: 6 Tr äth. Öl auf 50 ml Öl

PFEFFERMINZE

Gewinnung	WD
Pflanzenteil	Blätter
Duftprofil	krautig-prickelnd, sehr frisch und kühl, minzig
Wirkung	klärend, erfrischend, anregend, konzentrationsfördernd, entzündungshemmend, entgiftend, kühlend
Anwendung	Kopfweh, Migräne, im Shampoo und Duschgel kühlend, Vorsicht: nicht im Intimbereich
Passt zu	Eukalyptus, Majoran, Teebaum, Lavendel, Weißtanne, Zitrone
Dosierung	Duftlampe: 3 Tr auf 50 ml Wasser; Mundpflege: max. 3 Tr auf ein Glas Wasser; auf die Schläfen: pur

ROSE

Gewinnung	WD
Pflanzenteil	Blüten
Duftprofil	lieblich, betörend, süß, blumig
Wirkung	heilend, erhellend, harmonisierend, anregend, öffnend (Schwangerschaft und Geburt), antiseptisch, entzündungshemmend
Anwendung	zur Pflege bei jedem Hauttyp, auch für Babys und Kleinkinder, fördert die Menstruation
Passt zu	Lavendel, Jasmin, Muskatellersalbei, Sandelholz
Dosierung	Duftlampe: 5 Tr auf 50 ml Wasser bei geistiger Erschöpfung Trägeröl: 1-2 Tr äth. Öl auf 100 ml Öl Bad: max. 1 Tr in süßer Sahne oder (Ziegen-) Milch anrühren

ROSMARIN

Gewinnung	WD
Pflanzenteil	Kraut
Duftprofil	aromatisch, intensiv feurig-krautig, belebend
Wirkung	weckt die Lebensgeister, antiseptisch, anregend, durchblutungsfördernd, antiviral, schmerzlösend, antimykotisch
Anwendung	bei unreiner Haut, Erkältungskrankheiten, gegen Rheuma und Muskelschmerzen, regt das Haarwachstum an, gegen Schuppen
Passt zu	Minze, Zitrone, Zeder, Wacholder, Tanne, Grapefruit
Dosierung	Duftlampe: 2 Tr auf 50 ml Wasser; Trägeröl: 10 Tr äth. Öl auf 50 ml Öl; Bad: max. 3 Tr in süßer Sahne oder (Ziegen-) Milch anrühren

SALBEI

Gewinnung	WD
Pflanzenteil	Kraut
Duftprofil	krautig-würzig, frisch, herb, klar
Wirkung	entzündungshemmend, reinigend, antibakteriell
Anwendung	bei allen Entzündungen des Zahnfleisches, Bestandteil von Zahncreme und Pulvern; bei Erkältungen, schlecht heilenden Wunden, zur Desinfektion der Wohnräume
Passt zu	Lavendel, Rosmarin
Dosierung	Duftlampe: 2 Tr auf 50 ml Wasser Trägeröl: 2 Tr äth. Öl auf 50 ml Öl, Hautpflege: 1 Tr ins Waschwasser Gurgelwasser: 1 Tr auf ein Glas Wasser

SANDELHOLZ

Gewinnung	WD
Pflanzenteil	Holz
Duftprofil	warm, orientalisch, aphrodisierend, kraftvoll, männlich
Wirkung	entzündungshemmend
Anwendung	für fettfeuchte Haut, bei Akne, trockener und juckender Haut, Schwangerschaftsstreifen, Ekzemen, Bartflechte
Passt zu	Lavendel, Rosmarin
Dosierung	Duftlampe: 4 Tr auf 50 ml Wasser; Trägeröl: 6 Tr äth. Öl auf 50 ml Öl Bad: max. 8 Tr in süßer Sahne oder (Ziegen-)Milch anrühren

TEEBAUM

Gewinnung	WD
Pflanzenteil	Blätter
Duftprofil	würzig, stark, krautig, kräftigherb
Wirkung	antibakteriell, antiviral, fungizid, desinfizierend
Anwendung	bei Insektenstichen, Entzündungen der Mundschleimhaut, Pilzerkrankungen (hohe keimtötende Wirkung!), bei Akne, Warzen, Furunkeln, Abszessen, Pilzinfektionen auch der Scheide (Sitzbad: je 6 Tr Lavendel und Teebaum)
Passt zu	Zitrusdüfte, Pfefferminz
Dosierung	Duftlampe: 3- 4 Tr auf 50 ml Wasser Trägeröl: 3 Tr äth. Öl auf 50 ml Öl Bad: max. 8 Tr in süßer Sahne oder (Ziegen-) Milch anrühren pur auf Warzen, mit Pflaster abdecken Shampoo: 5 Tr auf 50 ml Gurgelwasser: 1 Tr auf ein Glas Wasser

Zuordnung der ätherischen Öle zu den Hauttypen

Mit ätherischen Ölen können Sie wunderbar Ihre Naturkosmetik komplettieren und diese besser auf Ihre Bedürfnisse abstimmen. Kombinationen der Öle untereinander sind möglich, jedoch ist etwas Vorsicht angebracht. Bitte nicht mehr als vier Öle kombinieren, damit ist man gut beraten.

trockene & empfindliche Haut, reife Haut	Jasminöl, Kamilleöl, Melisse, Rosenöl, Rosenholzöl, Sandelholzöl, Orangenöl, Ylang-Ylang-Öl
normale Haut, reife Haut	Kamillenöl, Melissenöl, Rosenöl
fett-feuchte Haut	Basilikumöl, Bergamotteöl, Eukalyptusöl, Lavendelöl, Rosmarinöl, Zypressenöl, Zitronenöl
Akne-Haut	Bergamotteöl, Fenchelöl, Kamillenöl, Salbeiöl, Wacholderöl, Zypressenöl

Wasser

Wasser ist nicht gleich Wasser! Für Ihre Produkte verwenden Sie am besten destilliertes Wasser. Es enthält keine Verunreinigungen und Salze. Natürlich können Sie das destillierte Wasser auch kaufen (z. B. in der Apotheke). Die gängigen Bezeichnungen sind *Aqua Destillata* oder *Aqua purificata* (gereinigtes Wasser) – letzteres ist ein durch Destillation, Umkehrosmose oder mit Hilfe eines Ionenaustauschers (*Aqua demineralisata*) gereinigtes Wasser. Dieses Wasser ist nicht steril! Wirklich rein im Sinne von keimfrei ist nur *Aqua ad iniectabilia* (Wasser zur Injektion).

Destilliertes Wasser herstellen

Wenn Sie selber destillieren wollen, können Sie das mit einem Gerät, z. B. dem Aqua Still oder anderen Wasserdestilliergeräten. Es ist auch zum Hefe züchten geeignet oder auch zur Joghurtbereitung bzw. zum Dicklegen von Milch, damit zur Käseherstellung.

Duftwasser oder Hydrolat

Bei der Destillation von ätherischen Ölen fällt ein Produkt an, das unter dem Namen **Hydrolat** bzw. etwas verdünnt als **Duftwasser** oder **Blütenessenz** in den Handel kommt. Diese besitzen die spezifischen Eigenschaften der verwendeten Pflanzen, sind durch die Destillation farblos und duften einfach wunderbar. Man kann sie in Cremes und Shampoos, aber auch in Bodylotions einarbeiten.

Destille in der Marienapotheke Weitnau

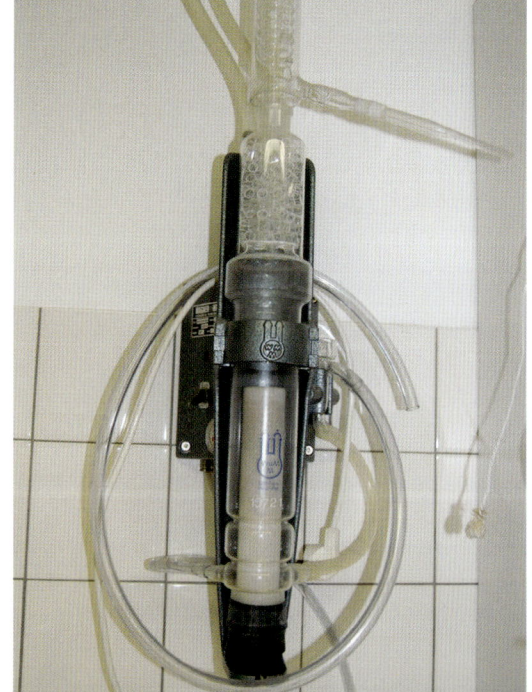

Pluspunkt 1: Sie sind insbesondere für Menschen interessant, die auf ätherische Öle empfindlich reagieren. So ist ein Wasser aus der Kamille als Grundlage für Gesichtswasser bei allerlei Hautproblemen durch seine entzündungshemmende Wirkung sicherlich etwas, was man probieren sollte. In Verbindung mit Rosenblättern oder Lavendel wird das Ganze sehr apart. All das zu einer Körpermilch verarbeitet, ist bestimmt ein willkommenes Geschenk!

Pluspunkt 2: Man kann sie mit relativ wenig Aufwand taufrisch zu Hause selbst mit einer Destille herstellen und dabei so ziemlich alles Duftende und Blühende „verhydrolaten", was der Nase gefällt und den eigenen Bedürfnissen entspricht.
Hydrolate sind aufgrund ihres niedrigen pH-Wertes ohne Konservierungsmittel im Kühlschrank recht lange haltbar, vorausgesetzt, Sie haben sauber gearbeitet.

Man kann sich seine **Destille** aus dem Laborfachhandel selber bauen (gesetzliche Rahmenbedingungen beachten!) oder kaufen. Es gibt Leonardo-Destillen, die extra für Hydrolate konzipiert sind. Die Anschaffung lohnt sich auf jeden Fall, wenn Sie mehr herstellen und Freude daran finden.

Ich stelle meine Duftwässer in der Regel mit einer **Kupferdestille** her. Sie sieht wirklich schön aus, es gibt sie in verschiedenen Ausführungen. Die Destille, die Sie hier sehen, ist besonders gut zur Herstellung von Hydrolaten geeignet.

Kupferdestille Alembic mit 500-ml-Kessel

Wie Sie Hydrolate mit einer Kupferdestille herstellen

1. Zum Destillieren nur weiches Wasser nehmen.
2. Das Material kann frisch gesammelt oder getrocknet sein. Aus 100 g frischen Pflanzen erhalten Sie 100 ml Hydrolat. Getrocknete Pflanzen werden 1:2 bis maximal 1:5 angesetzt.
3. Pflanzen verlesen und fein hacken, nicht mahlen oder pulvern.
4. Das Wasser in die Destille füllen. Aromakorb mit Pflanzenmaterial einsetzen. Das Material darf nicht mit dem Wasser in Berührung kommen, wir wollen ja nicht kochen. Deckel drauf und los geht's.
5. Den Destillationsvorgang nie unbeaufsichtigt lassen. Kinder sollten nicht in Reichweite sein. Passen Sie bitte auch auf sich selbst auf: Dampf und auch das Gerät sind sehr heiß!
6. Gewonnene Hydrolate sofort heiß in saubere Braunglasflaschen füllen.
7. Lassen Sie das Hydrolat reifen.

> **MEINE ERFAHRUNG:**
>
> *Für mein erstes Destillat hatte ich fast die gesamte Pfefferminzernte einge-dampft – und war vom Dufterlebnis anfangs sehr enttäuscht. Doch nach 2 Monaten duftete es einfach wunderbar!*

Eine weitere alternative Idee: Der sog. Multitopf ist ein großer Topf aus Edelstahl (Fassungsvermögen ca. 15 Liter), der eine Abfüllöffnung am Deckel und einen passenden Einsatzkorb hat. Mit diesem Topf können Sie außerdem einkochen, entsaften und dämpfen. Wenn Sie ihn zur Destillation nutzen, sollten Sie sich noch einen richtig langen Kunststoffschlauch zulegen. Diesen schließen Sie an den Ablauf an und legen ihn wie eine Spirale in das mit kaltem Wasser gefüllte Spülbecken oder in ein Gefäß mit kaltem Wasser. Dann muss der Schlauch in das Auffanggefäß führen. So kühlt der Dampf, der aus dem Topf in den Schlauch strömt, ab und das fertige Hydrolat tropft in das Auffanggefäß.

Die folgenden Hydrolate gibt es auch zu kaufen:

- Hamameliswasser: für fettige, großporige Haut, Haut mit Entzündungsneigung, Mischhaut, Männerhaut, Akne
- Lavendelwasser: Wasserphase, für fettfeuchte Haut, Mischhaut, reife Haut, Akne, sensible Haut, als Pflege nach dem Sonnenbad
- Orangenblütenwasser: Wasserphase, für jeden Hautzustand geeignet
- Rosenwasser: Wasserphase, für jeden Hautzustand geeignet
- Sandelholzwasser: für trockene Haut (herber Duft – für Männerkosmetik!)
- Zitronenwasser: für fettfeuchte Haut, Mischhaut, große Poren

Weitere Möglichkeiten

Aufguss – Infus

Das ist die übliche Art, aus Pflanzen einen Tee zu bereiten. Die Art der Zubereitung richtet sich nach den Wirkstoffen der Pflanze und dem verwendeten Pflanzenteil.

Geeignet für die meisten Blätter, Kräuter und Blüten.

Früchte von Doldenblütlern wie Kümmel, Anis, Fenchel usw. mit Granitmörser anreiben.

So wird es gemacht:
Pflanzen(teile) grob hacken, mit sprudelnd kochendem Wasser übergießen. Lassen Sie das Ganze abgedeckt 10 bis 15 Minuten ziehen. Danach durch ein Sieb abseihen, dabei das Grünzeug ausdrücken.

Abkochung – Dekot

Die Pflanzen werden mit heißem oder kaltem Wasser angesetzt, gekocht und abgeseiht. Meist werden härtere Pflanzenteile dafür genommen. Ein typisches Beispiel ist Eichenrinde. Pflanzen, die viele ätherische Öle enthalten, sollen nicht gekocht werden, da die Öle ja flüchtig sind und mit dem entstehenden Wasserdampf zwar wunderbar den Wohnraum beduften, aber für den eigentlichen Zweck verloren sind.

Kaltauszug mit Wasser – Mazerat

(lat. maceratio, macerare = einweichen) oder Mazeration, Kaltwasserauszug, Kaltauszug, Kaltansatz – wendet man vor allen bei schleimhaltigen Pflanzen, z. B. bei Eibischwurzeln an. In Wasser eingeweichter Leinsamen gibt ein relativ dickes schleimiges Gel, das sich sehr gut zur Hautpflege eignet. Bei einem Aufguss würden genau die Inhaltsstoffe zerstört, die so gewonnen werden können.

So wird es gemacht:
Pflanzenteile in ein Gefäß geben und mit kaltem Wasser auffüllen. Gefäß abdecken und über Nacht, also 8-12 Stunden, ziehen lassen. Abseihen, ggf. auf Trinktemperatur erwärmen.

Ölige Auszüge – Ölmazerat

Eine weitere Möglichkeit, sich die Heilkräfte der Natur nutzbar zu machen: Ein Ölmazerat ist ein Auszug mit einem Pflanzenöl oder tierischem Fett.

Öliger Kaltauszug
So wird es gemacht:
Am besten eignen sich getrocknete Pflanzen, denn Ölauszüge mit Frischpflanzen sind sehr anfällig für Schimmel, außerdem sind sie nicht ganz so lange haltbar. Als Auszugsmittel kommen leichte Pflanzenöle in Frage, beachten Sie die besonderen Empfehlungen für Ihren Hautzustand (siehe auch S. 19). Auf 100 ml Öl rechnet man 5-15 g Pflanzenmaterial. Die Menge richtet sich nach den verwendeten Pflanzenteilen: schweres Material bis zu 15 g, leichtes wie Blütenblätter um die 5 g.
Das Ansatzgut in ein der Menge angepasstes Glas (mit Schraubdeckel)

legen, dieses ungefähr zu drei Viertel füllen (die Pflanzen dürfen auch wenig hineingedrückt werden). Öl aufgießen, sodass es einen Fingerbreit über dem Grünzeug steht, und das Glas mit dem Deckel fest verschließen. Es sollte möglichst wenig Luft im Gefäß sein, so kann das Öl nicht so schnell ranzig werden. Stellen Sie das Gefäß ruhig auf die sonnige Fensterbank, die Sonne hilft beim Ausziehen und bringt positive Energie in Ihr Öl.

Hin und wieder schütteln, achten Sie darauf, dass nach dem Schütteln alles Material mit Öl bedeckt ist. Prüfen Sie ggf. Geruch und Geschmack. Nach einer Standzeit von 6 bis 8 Wochen durch ein feines Sieb, besser noch durch einen Dauerkaffeefilter laufen lassen, die Pflanzen ausdrücken und den Auszug in eine dunkle Flasche füllen. Diese mit Namen und Herstellungsdatum beschriften.

Öliger Heißauszug

Eine schnelle Methode, jedoch nicht so schonend wie der ölige Kaltauszug.

So wird es gemacht:

Öl oder Fett erhitzen, Pflanzen einlegen und einige Zeit köcheln lassen. Bitte denken Sie daran, dass Sie die Pflanzen nicht braten wollen, sondern das Öl nur so lange warm halten, bis die Wirkstoffe in das Trägeröl übergegangen sind. Sie können an den Pflanzen sehen, wann es Zeit ist, die Temperatur zurückzunehmen: Sie fallen zusammen, Blütenblätter werden glasig. Nun den Topf beiseite stellen und ruhen lassen, am besten über Nacht. Am nächsten Tag alles Auszugsmaterial entfernen, filtrieren und in saubere Flaschen füllen. Wenn Sie einen starken Auszug haben möchten, können Sie neues Pflanzenmaterial zufügen, nachdem das Alte entfernt wurde, erneut erhitzen und wieder über Nacht ruhen lassen. Relativ schonend ist eine Temperatur von ca. 80 °C und eine Dauer von ungefähr 20 Minuten im Wasserbad.

Ungefiltertes Kräuteröl

Das ist so ziemlich die bequemste Variante. Sie erhalten ein Auszugsöl, in dem die Kräuter drin bleiben dürfen. Dieses Öl ist zur Herstellung von Seifen gut geeignet, denn es ergibt eine schöne Textur.

So wird es gemacht:

Das Pflanzenmaterial muss aus dem Heißauszug nicht entfernt werden. Nach dem Abkühlen alles in einen Standmixer mit hoher Umdrehungszahl geben. In dunkle Flaschen abfüllen.

Andere Träger für ölige / fette Mazerate

Als Träger können Butterschmalz (Ghee) oder tierisches Fett (Schweineschmalz) verwendet werden. Unsere Großmutter stellte mit Schweineschmalz und durchblutungsfördernden Pflanzen eine wunderbare Salbe her, die bei Muskelschmerzen angewendet wurde.

So wird es gemacht:
Für Ghee braucht man gute Butter und Zeit. Gut 2 kg Butter in einem großen hohen Topf ganz langsam schmelzen lassen, den entstehenden Schaum immer wieder abschöpfen. Irgendwann fällt das Eiweiß aus, schöpfen Sie weiterhin vorsichtig ab, später wird es zu Boden sinken. Das Rühren nicht vergessen, damit es nicht anbrennt. Wenn alles Eiweiß ausgefallen ist und am Boden des Topfes liegt, oben kein Schaum mehr schwimmt und die Flüssigkeit wie sonnengelbes Öl im Topf steht, lassen Sie das Butterschmalz durch ein Leinentuch laufen und füllen Sie es in saubere Gläser. Deckel schließen, auf den Kopf stellen und abkühlen lassen. Festigkeit und Farbe können je nach Jahreszeit und Futtergabe variieren. Achten Sie auf jeden Fall darauf, dass das Wasser, was noch in der Butter enthalten ist, verdampft, damit das Butterschmalz nicht ranzig wird.

Für selbst gemachtes, gutes, unverfälschtes Schweineschmalz gehen Sie zum Metzger Ihres Vertrauens. Sie brauchen 500 g rohen, ungeräucherten, fetten Speck, ohne Fleisch. Alle Fleischreste, Sehnen, Borsten, Adern bitte peinlichst entfernen. Den Speck nun in Würfel schneiden. Um ein Anbraten zu verhindern, spült man den Topf mit Wasser aus (keine Angst, das spritzt nicht). Bei mäßiger Hitze langsam auslassen. Das dauert einige Zeit, nicht ungeduldig werden. Nach dem Auslassen das Fett durch einen feinen Durchschlag laufen lassen – am besten in einen alten Schmalztopf; in diesem sind Schmalz und Fett traditionsgemäß bestens aufgehoben. Mit Rinderfett, das man ebenfalls zum Seifensieden nehmen kann, verfahren Sie ebenso. Die Fettstruktur ist eine andere, der Geruch auch.

MEIN PERSÖNLICHER TIPP

Der Geruch ist bei beiden aber eher nicht angenehm: Am besten Fenster aufmachen und warten, bis alle Familienmitglieder außer Haus sind. ☺

Tinkturen

Eine Tinktur ist ein Auszug mit Alkohol. Dabei werden die wasser- und alkohollöslichen, teilweise auch die fettlöslichen Wirkstoffe aus den Pflanzen ausgezogen. Je nach Menge der Pflanzen und ihrer Wachstumsphase, dem Standort, der Sammelzeit usw. können die Wirkstoffkonzentrationen unterschiedlich sein. Tinkturen sind durch den hohen Alkoholgehalt gut ein Jahr haltbar. Man bewahrt sie grundsätzlich dunkel und kühl auf, genau wie Auszugsöle.

Tinkturen sind wichtig für unsere selbst hergestellte Naturkosmetik, aber auch als Hausmittelchen oft unentbehrlich. Eine Einnahme erfolgt tropfenweise, verdünnt mit Wasser. Zwischen 10 und 25 Tropfen sind üblich, bitte immer vorher in einem Heilpflanzenbuch nachlesen und die Dosierung mit Arzt oder Apotheker besprechen.

So wird es gemacht:

Das saubere und etwas klein geschnittene Pflanzengut in ein Schraubglas geben und mit Alkohol, vorzugsweise gutem Wodka (da geschmacksneutral), übergießen und verschlossen stehen lassen.

Beim Ansetzen geben Sie auf 1 Teil Pflanzenmaterial 5 Teile Alkohol. Nach 10- bis 14-tägiger Standzeit bei Zimmertemperatur die Pflanzen ausdrücken und die Flüssigkeit filtrieren. Die Tinktur in eine dunkle Flasche füllen,

mit Herstellungsdatum, Inhaltsstoffen, Ansatzflüssigkeit beschriften.

In Alkohol lösbar ist übrigens auch Bernstein, dessen Heilkräfte so manche Literatur rühmt.

Rezeptur: 20 g Bernsteinstücke auf 100 ml Hochprozentiges, Standzeit bis zu 6 Wochen. Hilft unter anderem bei Erkältungen und bei unreiner Haut als Pickeltupfer.

Essige

Naturbelassener Essig eignet sich, um Auszüge für die Naturkosmetik herzustellen oder aber um alkoholfreie Tinkturen für Ihre Kinder herzustellen. Bitte nur verdünnt anwenden. Kräuteressige als Haarspülung oder als saures Wasser nach dem Duschen immer verdünnen: 1 Esslöffel auf 1 Liter Wasser. Ein Tropfen ätherisches Öl gibt dem Ganzen eine besondere Duftnote.

So wird es gemacht:

Auf einen halben Liter Essig rechnet man eine Handvoll Pflanzen. Diese können frisch oder getrocknet sein, müssen nicht klein geschnitten werden. Bei dickem Material tut man sich aber leichter, es wenigstens etwas zu zerkleinern. Der Auszug in einem gut verschlossenen Glas ist nach zwei Wochen fertig. Nun die Pflanzen ausdrücken und die Flüssigkeit filtrieren. Die Tinktur in eine dunkle Flasche füllen, mit Herstellungsdatum, Inhaltsstoffen, Ansatzflüssigkeit beschriften.

Apfelessig

Eine unentbehrliche Allzweckwaffe. Er enthält die Vitamine A, B_1, B_2, B_6, Folsäure, Vitamin C und E sowie die Mineralstoffe und Spurenelemente Natrium, Kalium, Calcium, Magnesium, Phosphat, Eisen, Fluor, Jod und Zink, Kupfer, Selen.

Man kann ihn verdünnt innerlich anwenden und äußerlich zur Haarspülung und für Waschungen, auch im Badewasser (½ Liter für ein Wannenbad) tut er der Haut gut.
Wie man am besten Apfelessig selbst herstellt, steht ausführlich in meinem

Buch **„Alles selbst gemacht – Butter, Käse, Öl & mehr"**.
Wenn Sie Apfelessig kaufen, wählen Sie bitte einen guten aus. Sollten nach dem Öffnen und einiger Nutzungszeit komische Schlieren herumschwimmen, so ist das nur eine Ansammlung von Bak-terien, die zusammen die sogenannte Essigmutter ergeben. Das ist kein Mangel, sondern ein Zeichen von Qualität, Ihr Essig lebt! Lassen Sie ihn durch ein feines Sieb laufen, bevor Sie sich Ihre Haarspülung damit anrühren.

Heilerden

Die Natur ist sehr großzügig mit ihren Gaben, für jeden ist etwas dabei. Ein weiteres Geschenk ist die Erde selbst, davon gibt sehr viele unterschiedliche zur innerlichen und äußerlichen Anwendung. Jede einzelne hat je nach Zusammensetzung spezifische Wirkungen. Sie enthalten Mineralien wie Selen, Zink oder Eisen. Zu den Heilerden gehören: Ton, Lehm, Löss, Gesteins-pulver, Moor, Torf, Fango, Meerschlick sowie Schlamm aus Seen und Flüssen. Sie sind wichtige Bestandteile für unsere Naturkosmetik.

Ton, Lehm und Löss unterscheiden sich in der Korngröße und Zusammensetzung. Sie sind innerlich wie äußerlich anwendbar.
Zum **Gesteinspulver** zählen u. a. Aion A (gibt es nur in der Schweiz), Bentonit, Schindeles Mineralien (Vorkommen nur in Österreich; vulkanischen Ursprungs; bei Haarausfall und in jedem Fall bei Krankheit und Schwäche anzuwenden), Zeolith und Lavagestein. Alle genann-ten Gesteinspulver sind innerlich und äußerlich anwendbar.
Torf entsteht in Mooren.
Organischer Fango besteht aus Algen, Thermalwasser, Ton oder Lehm vulkanischen Ursprungs, Mineralien, Mikroorganismen. Er reift in speziellen Becken, in 85 °C heißem Wasser.
Anorganischer Fango besteht aus vermahlenem vulkanischem Gestein, hat ein anderes Wirkspektrum als organischer Fango.
Meerschlick (Schlamm vom Meer mit einem hohen Gehalt an Meersalz und organischen Substanzen) und Schlamm aus Seen und Flüssen sind vor allem äußerlich zur Wärmeanwendung geeignet.

Die Anwendung von Heilerden

Die Anwendung von Heilerden für die Schönheitspflege erfolgt äußerlich als Maske. Ton und Lehm sind besonders wirksam bei Akne, Ekzemen, Neurodermitis und anderen Hautausschlägen, selbst bei Muskelverspannungen, Arthrose und Rheuma.

So wird es gemacht:
Heilerde mit etwas warmem (ist angenehmer auch für die Kleinen) Wasser oder warmem Kräuteraufguss in ein Behältnis aus Glas, Porzellan, Steingut oder Holz geben und quellen lassen. Auf die Haut auftragen.

Dadurch erhält die Haut eine Art Tiefenreinigung, denn alle Erden binden Giftstoffe, Schlacken und Fette, sie absorbieren Keime und desinfizieren somit. Anschließend mit warmem Wasser abnehmen.

MEIN PERSÖNLICHER TIPP

Wie bei allen Naturheilmitteln kann sich eine sog. Erstverschlimmerung einstellen. Dann einfach noch einmal versuchen. Die Wirkung der Maske kann man verstärken, indem man sie mit Kräuteraufgüssen anrührt. Sie neutralisiert die Übersäuerung.

*Versuchen Sie Heilerden ruhig auch mal innerlich, das reinigt den Darm und wirkt manche Wunder. **Beachten Sie aber unbedingt die Hinweise auf dem Beipackzettel und besprechen Sie die Anwendung mit Ihrem Arzt oder Apotheker.***

Obst & Gemüse

Gemüse und Obst (ungespritzt versteht sich) helfen uns ebenfalls, gesund zu bleiben. Aber sie gehören nicht nur auf den täglichen Speiseplan. Einige davon lassen sich in Seifen einbringen oder zu Masken verarbeiten.

Zuordnung von Obst und Gemüse zum Hauttyp

Frucht	trockene Haut	normale Haut	fett-feuchte Haut	Mischhaut	reife Haut
Ananas		x		x	
Apfel		x		x	
Aprikose	x	x	x		
Avocado	x	x			x
Banane	x	x		x	
Birne			x	x	
Erdbeere	x		x		x
Gurke	x	x	x	x	
Karotten	x				x
Kartoffeln	gekocht	roh	roh	x	
Pfirsich		x		x	
Olivenöl		x		x	
Traubensaft	x				x
Tomate		x		x	
Zitrone			x	x	

Honig

Kirchenvater Augustinus nannte den Honig ein **Sinnbild für die Güte und Zärtlichkeit Gottes**. Was den Honig so wertvoll macht, sind seine Inhaltsstoffe: Neben den Vitaminen C, B, H und Enzymen enthält er Spurenelemente, Aminosäuren, Inhibine, Hormone, Aromen, Fruchtzucker, Wasser.

Und die Bienen sind so fleißig: für 100 Gramm Honig sind über eine Million Blütenbesuche notwendig!

EINE PERSÖNLICHE BITTE

Das Bienengold ist in Zeiten des vermehrten Bienensterbens besonders wertvoll. Seien Sie sparsam mit Honig und kaufen Sie bitte Honig aus Biobetrieben. Und eine Bitte an die Bauern: Mäht bitte erst nach der Hauptblüte und lasst am Wiesenrand einen Streifen stehen – das hilft der Biene und somit uns allen.

Honig strafft und pflegt die Haut, hemmt Bakterien und Pilze beim Wachsen. Einer Waschpaste beigemischt, ist es ein wirksames Mittel gegen Unreinheiten und Mitesser. Auch in Badewasser und bei der Haarwäsche sowie in Masken für Haut und Haar können Sie ihn einsetzen. Selbst in Seife darf er eingebracht werden, nur eines verträgt er ganz und gar nicht: Erhitzen Sie ihn niemals über 40 °C.

Emulgatoren

Emulgatoren sind Stoffe, die wässrige und ölige Bestandteile zu einer Emulsion verbinden können. Hier im Überblick einige der wichtigsten Emulgatoren, die wir für Naturkosmetik verwenden können.

Bienenwachs – natürliches Bindemittel	• Synonyme: Cera flava = gelbes Wachs und Cera alba = weißes Wachs • Konsistenzgeber • hat eine leichte konservierende Wirkung, duftet wunderbar
Lanolin: Wollfett der Schafe, natürliches Bindemittel	• Synonyme sind: Cera lanae oder Wollfett • Nur paraffin- und wasserfreies Wollfett kaufen! • zähe klebrige Masse, gelb bis gelbbraun • geeignet für Öl-in-Wasser-Emulsionen • kann das Doppelte seines Eigengewichts an Wasser aufnehmen • Einsatzmenge 3 bis 8 %, als Salbengrundlage bis zu 50 % • besonders für trockene Haut geeignet
Wollwachsalkohole (natürliches Bindemittel)	• werden aus Lanolin hergestellt • sind das Unverseifbare des Lanolins, sie binden das 6fache ihres Eigengewichts an Wasser in der Creme • kann gut verarbeitet werden • für Wasser-in-Öl-Emulsionen mit geschmeidigem Charakter, die gut einziehen • ersetzt man Lanolin mit Wollwachsalkoholen, benötigt man nur ein Drittel der Menge an Lanolin • Einsatzkonzentration: 10 % • allergische Reaktionen seltener als beim Lanolin **Achtung:** *Nicht Eucerin in der Apotheke kaufen, das ist ein Mischprodukt!*
Eier	Damit hat meine Großmutter früher Salben bereitet. • enthalten Lecithin
Hefe	• mit etwas Naturjoghurt eine klärende oder nährende Maske

Andere Emulgatoren:

Ceralan
- Bienenwachsderivat
- Konsistenzgeber, stabilisiert Emulsionen und Massageöle
- verbessert die Verteilbarkeit von Cremes und Lotionen auf der Haut
- weiches, samtiges Gefühl
- Einsatzkonzentration: 10-20 % der Fettphase

Cetylalkohol – pflanzlich
- Einsatz als Co-Emulgator und Konsistenzgeber in Cremes und Lotionen (gute Festigkeit und Verteilbarkeit)
- Einsatzkonzentration: 0,5-1 % als Co-Emulgator, bis 5 % als Konsistenzgeber
- in der Wasserphase erwärmen
- für alle Haartypen, bei unreiner oder fetter Haut bis 3 %, bei trockener Haut 0,5-1 %

Emulsan HT – pflanzlich
- für warm angerührte Produkte
- hautpflegend, für angenehmes, glattes Hautgefühl
- für trockene, sensible sowie für fette und zu Unreinheiten neigende Haut
- für Tages- und Nachtcremes sowie Reinigungsemulsionen
- Einsatzkonzentration: 3-8 %

Fluidlecithin
- für Cremes
- natürlicher, pflanzlicher Emulgator, u.a. aus Sojaöl
- unterstützt als Co-Emulgator die Wirkung des Hauptemulgators
- für trockene, empfindliche Haut, rückfettend, für Bademilch
- färbt Produkte gelblich
- starker Eigengeruch, schwer überdeckbar
- mit Xanthan und unter eifrigem Rühren sowie mit einigen Tagen Wartezeit ergibt es schöne Emulsionen
- bei einem Gesamtwassergehalt unter 50 % entsteht eine Wasser-in-Öl-Emulsion (W/O-Emulsion), bei einem höheren Wassergehalt eine Öl-in-Wasser-Emulsion (O/W-Emulsion)
- Einsatzkonzentration: 0,5-20 %; Co-Emulgator 0,5-30 %

Fluidlecithin Super
- lebensmittelgeeigneter, natürlicher Emulgator, u. a. aus Distelöl
- ergibt reinweiße Cremes und Emulsionen
- hautpflegend, glättend, feuchtigkeitsspendend, zieht schnell ein
- fast ohne Eigengeruch
- bestens als rückfettender Bestandteil in Duschgels bei trockener Haut
- auch in Shampoo und Bademilch und als Co-Emulgator (0,5-3 % in W/O Emulsionen, als alleiniger Emulgator 5-12 %)
- Verarbeitung: in der Fettphase erwärmen oder ohne Erwärmen in die Öle mischen

Tegomuls
- pflanzlich aus Palmfett
- für leichte, fluffige Cremes, Lotionen, Reinigungsmilch
- für normale, trockene und Mischhaut
- für Öl-in-Wasser-Emulsionen
- flockt im sauren Bereich, also sollte pH-Wert nicht unter 6,5 sinken
- bindet ungefähr das 10fache des Eigengewichts an Wasser
- Schmelztemperatur 62-66 °C; daher in der Fettphase bei ca. 70 °C schmelzen
- Emulsionen 4-5 Tage ruhen lassen, sonst hat man einen weißen Film auf der Haut
- Einsatzmenge: 20-35 % in Lotionen und Cremes, für jeden Hautzustand

Reine Gele

In der Naturkosmetik können Sie reine Gele mithilfe von pflanzlichen Gelbildnern herstellen, z.B. mit Guarkernmehl, das Sie auch zum Kochen und Backen verwenden können. Es ist ein graues Pulver, das unter kräftigem Rühren in kaltem Wasser aufgelöst werden kann. Am besten löst es sich in Alkohol, dann kann es ohne Verklumpung zugegeben werden. In Shampoo eingebracht, verbessert es die Kämmbarkeit der feuchten Haare.

Gele können Emulsionen stabilisieren und Shampoos, Emulsionen usw. dickflüssiger gestalten.

Es gibt verschiedene sogenannte Gelbildner, deren Dosierung und Anwendung auf der Packung stehen:
- Guarkernmehl
- Johannisbrotkernmehl
- Xanthan

Weitere Wirkstoffe für Ihre Naturkosmetik

Es gibt darüber hinaus noch einige Wirkstoffe, die Sie nach Lust und Laune in Ihre Naturkosmetik-Produkte einarbeiten können und die ich Ihnen ans Herz legen möchte. Auch hier gilt: Bitte die Angaben des Herstellers beachten!

Alpha-Bisabolol	Wirkstoff der Kamille; entzündungshemmend, heilungsfördernd, antibakteriell, regenerierend und hautberuhigend für Hautpflegemittel, Aftershaves, Babypflege; Prozess setzt nach ca. einem Tag ein; Einsatzkonzentration: 0,1-1 %
Allantoin	Wirkstoff der Beinwellwurzel oder aus der Rosskastanie; hautberuhigend, fördert Wundheilung und Regeneration, in Wundheilsalben und Aknegel; in Zahngel für Mundschleimhaut und Zahnfleisch; Einsatzkonzentration: 0,2-0,5 %, vorher in etwas Wasser lösen
Aloe Vera Gel	für trockene, feuchtigkeitsarme, auch unreine Haut, in Sonnenkosmetik, Wund- und Heilsalben, entzündungshemmend und antibakteriell, fördert Regeneration und die Bildung neuer Hautzellen, auch pur aufgetragen; Einsatzkonzentration: 3-99 %
d-Panthenol	hautfreundliche Vorstufe des Vitamin B_5, in Cremes, Shampoos etc. pflegend und feuchtigkeitsspendend, verbessert die Haarstruktur; Einsatzkonzentration: 1-5 %
Glycerin	Feuchthaltemittel, gibt angenehmes, weiches Hautgefühl und unterstützt die Erhaltung der Hautfeuchtigkeit (nicht überdosieren!); Einsatzkonzentration: 0,5-10 %
Vitamin A-Palmitatöl (mit Mandelöl)	Mandelöl mit Vitamin-A-Palmitat; gegen Falten, regt die Zellteilung an, unterstützt Stoffwechsel der Haut; Einsatzkonzentration: 5-8 % als Teil der Ölphase
Vitamin ACE-Fluid	wasserlöslich, verbessert die Hautfeuchtigkeit, regenerierend, verringert Falten, schützt vor freien Radikalen; für alle Pflegeprodukte, Antifaltenprodukte, Sonnenpflege und zur Haarpflege; Einsatzkonzentration 1-2 %
Vitamin B_{12}	wasserlöslich, für schuppige, neurodermitische Haut; Einsatzkonzentration max. 7 %
Vitamin E	hautpflegend, mildert alters- und sonnenbedingte Haut- und Haarschäden, stabilisierende Wirkung; Einsatzkonzentration: 0,01-5 % (entspricht ca. 10 Tr pro 50 ml Endprodukt; zum Konservieren von leicht ranzig werdenden Ölen: 1 Tr auf 25 ml Öl)

Haarpflegezusätze:

Birkenextrakt	Auszug aus Birkenblättern und Rinde; desinfizierend und tonisierend, gegen Schuppen, fördert Haarwuchs, gegen Haarausfall, beruhigt die Kopfhaut; Einsatzkonzentration: 3-10 %
Brennnesselextrakt	Auszug aus Brennnesselblättern; desinfizierend, tonisierend, durchblutungsfördernd, fördert Haarwuchs, gegen Schuppen, bei Hautproblemen; enthält Mineralsalze und Kieselsäure, für Cremes, Shampoos und Haarwasser bei Schuppen und gereizter Kopfhaut; Einsatzkonzentration: 3-10 %
Klettenwurzelextrakt	belebt die Kopfhaut, fördert Haarwuchs, in der Hautpflege bei trockener, schuppiger Haut, Pflanzenextrakt für Shampoos, Haarspülungen und Haarwasser; Einsatzkonzentration 3-5 %
Keratin 20 %	Zusatzstoff für Shampoos und Haarwasser, lagert sich in die Keratinschicht des Haares ein, Haar erscheint fülliger und kräftiger, lässt sich leichter kämmen, wird weicher, samtiger; Einsatzkonzentration 1-3 %
Seidenprotein	Haarpflegemittel aus Seidenfasern der Seidenraupe, feuchtigkeitsspendend, filmbildend, für seidiges Haar- und Hautgefühl, verbessert die Kämmbarkeit der Haare, bei strapazierter Haut; Einsatzkonzentration 1-5 %
Weizenquat HT pflanzlich	Conditioner, für bessere Kämmbarkeit und Glanz der Haare, glättet die Haaroberfläche, wirkt gegen starkes Austrocknen; Einsatzkonzentration 0,5-1 %
Pirocton Olamin	hautverträgliches Anti-Schuppen-Mittel, ergänzende Pflege auch in Haarkuren oder -wässern, schützt vor Schäden von zu heißem Föhnen und zu viel Sonne, bei geschädigtem, trockenem, sprödem Haar; Einsatzkonzentration: 0,5-5 % (Dosierung in Shampoos: 1 %)
Festigersubstanz HF 64	hautfreundlicher Gelbildner für Haargel, Haarfestiger und Fön-Festiger, rückstandsfrei, für mehr Spannkraft und Festigkeit im Haar, ohne es zu verkleben; Einsatzkonzentration: 2-5 %
Haarguar	in Shampoos und Spülungen gegen statisches Aufladen, beugt der Entfettung der Haare vor, verbessert deren Kämmbarkeit, schützt die Kopfhaut; Einsatzkonzentration 0,2-0,5 % (0,5 g in die Wasserphase auf 200 ml fertiges Endprodukt)

Kleie & Mehle

Die in Kleie und Mehlen enthaltenen Öle und anderen pflanzlichen Wirkstoffe beruhigen die Haut. Man kann sie als Maske auf das Gesicht auftragen oder ins Badewasser geben. Hierfür rührt man einen Esslöffel in etwas warmem Wasser oder (bei trockener Haut) in Sahne an und gibt das Gemisch ins Badewasser.

MEIN TIPP

Zusammen mit Honig immer eine interessante und wohltuende Kombination!

Tenside

Zur Reinigung gibt's Seife, Shampoo, Duschgel usw. Sie alle können als Tenside bezeichnet werden, wobei Seife das älteste Produkt sein dürfte. Durch Zugabe von Wasser schäumt das Tensid, es entsteht eine Emulsion. In einer Kombination verschiedener Tenside er-

gänzen sich diese gegenseitig. In vielen herkömmlichen Shampoos sind sehr aggressive Tenside enthalten, weil diese billiger sind als hochwertige.

Für die Einsatzmenge der Tenside kann man folgende Regeln anwenden:
- Duschgel, Shampoo: 10–15 % WAS
- Badezusatz: 20–35 % WAS
- Gesichtsreinigung: 1–3 % WAS

[WAS = Waschaktive Substanz]

Tenside für selbst gemachte Naturkosmetik

Kokos-glucosid	• aus Kokosfettsäuren und Zucker • durchscheinendes hellgraues Gel • mild, schleimhautverträglich, als Basis- und Co-Tensid für Shampoos und Duschgele • mit anderen Tensiden vermischt, werden die Produkte hautverträglicher • weniger verfilztes und griffigeres Haar
Betain (Cocamidopro-pyl Betaine)	• sanftes Tensid aus Kokos- und Palmkernfettsäuren • dünnflüssig, gelblich • brennt nicht in den Augen, kann somit wunderbar zu Shampoo und Duschgel (nicht nur für die Kleinen!) verarbeitet werden • Einsatzkonzentration: 2-50 %, 51-55 % WAS, pH-Wert: 5-6 **Achtung:** Geruch ist möglicherweise etwas gewöhnungsbedürftig; für angenehme Duftergänzungen sorgen!
Sodium Lauryl Sulfoacetat	• aus Kokos- und Palmöl, mild, anionisch • schäumt wunderbar auch im harten Wasser • kann als Pulver in Badepralinen, Badesalz usw. eingearbeitet werden – **Achtung:** Staubt und kann beim Einatmen die Atemwege reizen! (65 % WAS) • Reinigungspulver: Einsatzkonzentration 10-20 % • in Wasser gelöst oder in Öl dispergiert für Waschgele, Bademilch, Shampoos, milde Waschlotionen z. B. für das Gesicht: Einsatzkonzentration 1-3 % • als Co- oder Basis-Tensid für gut reinigende Shampoos: Einsatzkonzentration 3-12 %

Konservierungsmittel

Biokons	• ein aus verschiedenen Duftstoffen hergestelltes synthetisches Konservierungsmittel (nicht deklarationspflichtig); der Hersteller verspricht, dass es weder Allergien fördert noch für diese empfindlicher macht • vollständig biologisch abbaubar • 2 Tr auf 10 g Fertigprodukt hält das Produkt ca. 6-8 Wochen „frisch"
Antiranz	• für Öle: 4 Tr auf 100 ml – und das Öl wird nicht ranzig • erhöht Haltbarkeit um 6 Monate; empfehlenswert für Produkte mit teuren Ölen
Grapefruit-kernextrakt	• hemmt das Wachstum von Bakterien und Viren, verhindert Pilzbefall in der Creme • macht die Haut weich und zart, heilende Wirkungen bei Akne, Entzündungen u. a., hat sich als Mittel gegen Aphten hervorragend bewährt!
Heliozimt	• aus natürlichem Heliotropin und Hydrozimtalkohol, Geruch nach Zimt-Vanille • Dosierung: 1-2 Tr auf 10 g Creme
Kosmetisches Basiswasser	• ist 96%iger vergällter Weingeist, also Ethanol mit Parfum versetzt • Dosierung: 5 % auf die gesamte verwendete Flüssigkeitsmenge
Ethanol	• unvergällt 96%ig • zur Konservierung; Dosierung: bis 5 % auf die gesamte verwendete Flüssigkeitsmenge reichen

DIE TECHNIKEN

Gerätschaften

Das Meiste, was Sie brauchen, wird sich in Ihrer Küche finden und ggf. zweckentfremden lassen. Wenn Sie Seife sieden (ab S. 137), sollten Sie die Gerätschaften, die Sie zum Kochen benutzen, nicht für Kosmetika verwenden.

Sie brauchen:
- große Marmeladengläser und 1 Messbecher – später vielleicht 2 Messbecher aus Glas
- 1 dicke Stricknadel aus Kunststoff oder (später) 1 Rührstab aus Glas
- 1 Feinwaage / digitale Küchenwaage (grammgenau; noch besser: 1 bis 2 Stellen nach dem Komma)
- 1 Topf für Wasserbäder
- 1 feines Sieb zum Seihen von Kräuteraufgüssen
- 1 Teigschaber, mit denen man die Produkte aus der Schale putzen kann, oder Spielkarten für den Einmalgebrauch
- einige Spatel o. Ä. zum Entnehmen von Wirkstoffen aus Behältern
- Ansatzgläser für Ölauszüge in verschiedenen Größen (Konservengläser mit Deckel reichen völlig aus)
- 1 Mörser mit Schlegel aus Glas oder Edelstahl – oder (edel) eine sog. „Fantaschale mit Pistill", wie sie Apotheker benutzen. Diese Schale ist aus speziellem Material (Melamin) gefertigt, das Wärme speichert und sehr glatt ist. Darum kann die Schale gut gereinigt werden, eventuelle Reste können sich nicht mit einem neuen Ansatz vermischen. Man bekommt beides in unterschiedlichen Größen um die 20 Euro. Mörser aus Granit eignen sich aufgrund der rauen Oberfläche zum Zerstoßen von festen Bestandteilen und Herstellen von Pulvern
- 1 Thermometer („Tauchthermometer" oder Laborthermometer bis 110 °C)

MEIN PERSÖNLICHER TIPP

Manchmal wird empfohlen, mit einem Milchaufschäumer Cremes zu rühren, allerdings wird dabei unnötig viel Luft ins Gemisch gebracht, was dem Ganzen einen moussigen Charakter gibt. Bei manchen Produkten mag das wünschenswert sein, für unsere Naturkosmetik eher nicht.

Wie rühre ich Salben?

Salbe aus öligen / fetten Bestandteilen mit Aufschmelzen

Eine Salbe aus öligen Zusätzen zu rühren, ist gar nicht schwer. Man schmilzt die Fette und Öle miteinander sanft in einem Wasserbad. Dann hebt man sie aus dem Wasserbad, rührt so lange weiter, bis sie sich gut abgekühlt haben. Nun füllt man sie in eine Kruke (Salbendöschen) oder in ein kleines Glas. Etikettieren nicht vergessen. Natürlich können in diese Salben auch feste Stoffe (Zink, Bioschwefel) eingearbeitet werden. Wichtig ist immer, dass man gut verrührt.

Salbe aus festen Bestandteilen und Salbengrundlage ohne Aufschmelzen

Anhand eines Beispiels (Zinkpaste 100 g) möchte ich die Zubereitung solcher Salben erklären. Bei diesem Rezept wird ein Pulver in eine Salbengrundlage eingearbeitet.
Zinksalbe ist ein sehr gutes Mittel z. B. bei wunden Babypopos oder für andere Hautreizungen.
Rezeptur: Zinkoxid 30,0 g
Biovaseline ad 100,0 g

„ad" ist die Abkürzung von lat. „adde" („fülle auf"). Das heißt: 30 g Zinkoxid einwiegen und dann so viel Biovaseline zugeben und verreiben, bis man 100 g in der Schale hat. Die erstgenannten Teile der Rezeptur (Wirkstoffe) sind immer die tatsächlich einzuwiegende Menge. Die Komponente mit dem Kürzel ad wird immer anschließend eingewogen, bis die Waage die angegebene Menge anzeigt.

Und so wird es gemacht (auch vom Fachmann):

1 Arbeitsmaterial und Zutaten bereitstellen. Handschmuck ablegen, lange Haare wegbinden, saubere Kleidung oder einen Kittel anziehen, Hände waschen.

2 Arbeitsplatz und Waage sollen sauber sein.

3 Saubere Schüsseln oder Fantaschale mit Schlegel/Pistill zusammen auf die Waage stellen, das Pistill ruht in der Fantaschale. Waage auf Null stellen.

4 Nun mit einem sauberen Spatel o. Ä. das Zinkoxid aus dem Vorratsbehältnis nehmen und nach und nach in die auf der Waage stehende Schale einwiegen, bis schließlich 30 g in der Schale sind. Dabei aufpassen, dass man das Zinkoxid sorgsam abwiegt und neben das Pistill gibt.

5 Anschließend ein wenig Biovaseline hinzugeben; diese mit einem neuen sauberen Spatel dem Vorratsbehältnis entnehmen. Mit einem Spielkartenblatt oder einen Teigschaber wird die Vaseline vom Spatel geschoben und neben das Pistill in die Schale fallen gelassen.

6 Nun beide Zutaten miteinander verreiben, d. h. immer gleichmäßig aus dem Handgelenk heraus und dem Uhrzeigersinn entgegengesetzt rühren, niemals im Wechsel rechts und links herum. Bei weichen Cremes, Lotionen usw. rührt man so unnötig Luft in das Produkt.

7 Zwischendurch mit Kartenblättern die Schale ausputzen, am Pistill abstreifen. Nun das Pistill mit dem Kartenblatt vom Ansatzmaterial befreien und selbiges wieder unten an den Pistillkopf streichen.

8 Wieder etwas Biovaseline hinzufügen, immer ungefähr das Doppelte der schon in der Schale vorhandenen Menge. Wieder rühren, wie in Schritt 6 beschrieben. Ruhig mehrmals abstreifen und verreiben, um eine gleichmäßige Verteilung der Wirkstoffe in der Salbengrundlage zu erreichen. Das Kürzel „ad" bedeutet: Wir füllen Biovaseline auf die hier beschriebene Weise ein, bis die Waage auf exakt 100,0 g steht.

9 Zum Schluss nochmals gut verreiben, mittels Kartenblatt die fertige Salbe in das Salbendöschen (Kruke) oder ein anderes Behältnis füllen.

10 Die Ränder der Kruke mit Zellstoff säubern (gern mit etwas Alkohol befeuchtet). Zuschrauben und etikettieren.

Wie rühre ich Cremes?

Creme aus wässrigen und öligen Bestandteilen

Eigentlich sind solche Cremes Emulsionen, also ein Gemisch aus wässrigen und öligen Bestandteilen, die sich nicht verbinden können und mittels eines Emulgators zusammenhalten.

Man unterscheidet **Öl-in-Wasser-Emulsionen** und **Wasser-in-Öl-Emulsionen**. Der geringere Bestandteil wird kleine Tröpfchen bilden und sich in dem anderen Bestandteil verteilen. Der Emulgator (s. a. S. 53) verbindet nun das Ganze und hält es zusammen. Eine Emulsion ist nur bedingt stabil. Äußere Einflüsse sind maßgeblich an der Stabilität bzw. Auflösung der Emulsion beteiligt.

Diese Cremes sind etwas aufwändiger, da sie aus zwei verschiedenen Teilen bestehen:

dem Wässrigen (**Wasserphase**)
Zur Wasserphase gehören alle wässrigen Bestandteile also Wasser, Pflanzenauszüge auf Alkohol oder Wasserbasis, Glycerin, Milch usw.

dem Fettigen (**Fettphase**)
Zur Fettphase gehören alle Pflanzenöle, Wachse, Fette und der Emulgator, wenn er nicht in Wasser angerührt werden muss.

Und so wird es gemacht (auch vom Fachmann):

1 Zwei Gefäße (für jede Phase eins) bereitstellen. Alle Bestandteile der jeweiligen Phase getrennt voneinander in die Gefäße einwiegen. Dabei unbedingt auf Sauberkeit achten, Cremes sind empfindlicher als Salben!

2 Beide Phasen nun im Wasserbad langsam erhitzen, dabei soll die Temperatur nicht über 60 °C steigen, da sich sonst die Vitamine, die in den Ölen enthalten sind, ins „Nirwana" verabschieden. Wenn die Fette geschmolzen sind, kann mit der Einarbeitung der Wasserphase begonnen werden. Gefäße aus dem Wasserbad nehmen (darauf achten, sich nicht zu verbrennen!).

3 Unter beständigem, gleichmäßigem Rühren die wässrigen Bestandteile in die Fette geben. Nicht alles auf einmal, immer etappenweise – und

niemals andersherum! Nach einiger Zeit bildet sich eine Emulsion. Einfach weiterrühren, die Creme wird nach und nach fester. Es kann auch ein Mixer verwendet werden, allerdings nur mit einem Rührstab und auf der niedrigsten Stufe.

4 An dieser Stelle kann man nun je nach Wunsch und persönlichen Vorlieben Konservierungsmittel (s. S. 61) zufügen, eine Vitaminkapsel aufstechen und einrühren oder ätherische Öle (s. S. 28) einarbeiten.

5 Die fertige Creme in eine kleine saubere Kruke/Salbendose füllen, beschriften (unbedingt mit Herstellungsdatum) und im Kühlschrank lagern. Ohne Konservierung sind die Cremes vier bis sechs Wochen haltbar.

MEIN PERSÖNLICHER TIPP

Es gibt sog. Unguatorkruken. Sie haben einen verschiebbaren Boden und im Schraubdeckel ein kleine Öffnung wie eine Tube, deren Verschluss man ebenfalls abschrauben kann. Zur Entnahme schraubt man also nur den Deckel im Deckel ab und drückt den Boden vorsichtig nach oben. Saubere Sache. Diese Kruken sind in vielen Online-Shops oder in der Apotheke erhältlich.

Sauberkeit ist wirklich das oberste Gebot: Hände, Geräte, Arbeitsfläche müssen sauber gehalten werden. Wer auf Nummer sicher gehen will, desinfiziert vorher Geräte und Arbeitsplatz.

Die Haltbarkeit von Cremes

Wie lange selbst gerührte Cremes haltbar sind, unterliegt der Einhaltung hygienischer Grundsätze. Wenn Sie Ihre Sache gut gemacht haben, hält sich Ihre Creme bei Zimmertemperatur eine Woche, im Kühlschrank zwei Wochen. Grundsätzlich halten sich Cremes, die mit destilliertem Wasser angerührt werden, länger als solche, die man mit Fruchtbestandteilen, Säften aus Obst, Gemüse und Kräutern sowie Kräuteraufgüssen versetzt. Das liegt an der Vorkontamination, also der normalen „Verkeimung", und an enthaltenen Schwebteilchen, die man beim Filtrieren nicht entfernen kann, bestenfalls durch Destillation.

Um die Haltbarkeit zu verlängern, können Sie entweder eine fetthaltigere Mischung anstreben oder das Ganze konservieren. Das können Sie mit Alkohol in Form von Tinkturen (s. S. 47), aber auch durch die Zugabe von ätherischen Ölen (s. S. 28) oder mit Konservierungsmitteln (s. S. 61).

MEIN PERSÖNLICHER TIPP

Rühren Sie kleine Mengen an, die Sie schnell verbrauchen. Dann benötigen die Cremes keine Konservierung.
Falls Sie Ihre Produkte verschenken, weisen Sie unbedingt auf die begrenzte Haltbarkeit hin.

FRAU SEIN

REZEPTUREN & TIPPS FÜR (WERDENDE) MÜTTER

Frau sein

(Prä-)Menstruationsbeschwerden

Für einige Frauen bedeutet der monatliche Zyklus vor allem folgendes: Stimmungsschwankungen, Heißhungerattacken, Wassereinlagerungen, Gewichtszunahme, Kopfweh, Pickel quasi über Nacht, aber auch unangenehme und lästige Unterleibsschmerzen.

Eine Bemerkung meiner Hebamme machte mich stutzig. Sie erzählte mir, dass sie zusammen mit ihrem Mann, einem Gynäkologen, in Nepal, China und der Mongolei Frauen entbunden habe, die sich in der Mehrheit leichter mit der Geburt taten, aber auch vorher nicht so stark mit Menstruationsbeschwerden zu kämpfen hatten.

Studien legen nahe, dass Hormonschwankungen, Reizüberflutung im Alltag, kaum Ruhe- und Rückzugsmöglichkeiten, ggf. auch unsere Ernährung eine große Rolle spielen. Nach wie vor ist ja auch unklar, wie stark hormon- bzw. anderweitig belastet unsere tierischen und pflanzlichen Lebensmittel sind.

Ich kann nur empfehlen, sich einige Monate lang einmal bewusst vollwertig zu ernähren, auch auf Tafelsalz zu verzichten (am besten Steinsalz dem Meersalz vorziehen, da auch die Mee-

re belastet sind). Dazu eine gesunde, obst- und gemüsereiche Nahrung, die eine Versorgung mit Vitaminen und Mineralien gewährleistet. Bei vielen Frauen wirkt alleine das schon Wunder.

Und: Es gibt sog. Frauenkräuter, die eine hormonregulierende Wirkung haben und damit Beschwerden lindern können. Dazu gehören Himbeere, schwarze Johannisbeere und Hagebutte, die man am Anfang des Zyklus nehmen kann. Für die zweite Hälfte des Zyklus kann man Mönchspfeffer, Frauenmantel und Steinsamen sowie Melisse und Baldrian empfehlen.

Auch die Einstellung zur Menstruation dürfte eine Rolle spielen. In unserer Kultur wird sie von vornherein als etwas „Ekliges", Belastendes oder als Einschränkung empfunden. Dabei gehört sie zu uns, zum Frau-Sein dazu! Manche Frauen haben Glück: Ihr Zyklus läuft nach der Geburt allgemein beschwerdefreier. Allen anderen Frauen, denen dieses Glück nicht vergönnt ist, seien hier ein paar Rezepturen empfohlen.

Teemischung von Oma

Je einen Teil Kamillenblüten, Mönchspfeffer und Melissenblätter, sowie zwei Teile Frauenmantel und Brennnessel. Davon 3-mal tägl. 1 Tasse.

Teerezept von Hildegard von Bingen

„1 EL Galgantwurzel soll mit einem Glase Wein für drei Minuten gekocht werden. Dann soll der Wein warm schluckweise getrunken werden." Hilft!

Ätherisches Muskatellersalbeiöl

Ein Geheimtipp. In die Duftlampe geben und die Füße mal hochlegen. Unterwegs einfach auf ein Taschentuch geben und daran schnuppern.

Aromakompresse – Regelschmerzenmischung

Je 1 Tropfen Muskatellersalbei und Zypressenöl auf eine Kompresse geben und auf den Unterbauch auflegen.

> **NOCH EIN TIPP VON OMA**
>
> *Nachtkerzenöl: Es soll nicht nur die Fruchtbarkeit befördern, sondern auch, vor der Menstruation im Genital einmassiert, schmerzhafte Zyklen vermeiden helfen.*

Schwanger werden

Wundermittel Mönchspfeffer

Manchmal klappt es nicht gleich mit dem ersehnten Baby – dafür hält Mutter Natur in ihrem Fundus einige Pflanzen bereit. (H)Agnos: so nannten die Griechen eine im Mittelmeerraum beheimatete, wunderbar duftende, im Sommer lavendelfarbene Blüten zeigende Pflanze. Ein in unseren Breiten geläufiger Name dafür ist Mönchspfeffer oder Keuschlamm, was nun nicht sehr einladend klingt. Ein Blick auf die lateinische Bezeichnung „Vitex agnus castus" erklärt Herkunft und Bedeutung: „agnus" steht für Lamm und „castus" für keusch. Dioscurides beschreibt den Mönchspfeffer so: „Er wird Agnos genannt, weil ihn bei einem Fest zu Ehren der Demeter, bei dem Männer ausgeschlossen waren, die Weiber, welche ihre Keuschheit bewahren, als Lager nutzten ... oder weil er, getrunken, den Drang zum Beischlaf mäßigt."

Der Überlieferung nach fanden die Früchte des bis zu sechs Meter hohen Strauches bei den Mönchen und Nonnen im Mittelalter rege Verwendung – waren sie ja auch Menschen mit Gelüsten und Bedürfnissen, die sich nicht mit dem zölibatären Leben in Einklang bringen ließen. So nahm man Zuflucht zum Mönchspfeffer, der sich als wirkliche „Spaß-" bzw. „Lustbremse" bewährte.

Aber der Mönchspfeffer kann noch viel mehr. Traditionell in der Frauenheilkunde eingesetzt, ist mittlerweile seine Wirksamkeit bei Menstruationsbeschwerden, aber auch bei Zyklusstörungen, Spannen der Brüste und Wechseljahresbeschwerden erwiesen.

Darüber hinaus wirkt die Pflanze aber auch stärkend und fördert die Bildung des Gelbkörperhormons. Dieses Hormon wird in der zweiten Zyklushälfte nach dem Eisprung gebildet und bereitet die Gebärmutterschleimhaut auf die Einnistung der befruchteten Eizelle vor. Wenn der Körper zu wenig Gelbkörper entwickelt, kann sich das Ei nicht in der Gebärmutter einnisten.

MEIN PERSÖNLICHER TIPP

Alles braucht Zeit, haben Sie Geduld, lassen Sie sich Zeit. Sie beide. Bloß nicht kirre machen lassen und wie wild „arbeiten". Alles Gute!

Dosierungsempfehlungen von Mönchspfeffer: Es gibt Mönchspfeffer in der Apotheke als Kapseln, Tabletten oder Tropfen. Die Tagesdosis von 40 mg soll nicht überschritten werden. Wenn Sie bemerken, dass Sie schwanger sind, setzen Sie den Mönchspfeffer sofort ab.

Schwanger sein

Sie sind schwanger? Herzlichen Glückwunsch. Ab jetzt sollten Sie besonders auf sich achtgeben. Sie sollten aber auch aufpassen, dass Sie und Ihr Ungeborenes nicht im Mahlwerk der Vorsorge(untersuchungen) erdrückt werden. Wenn Sie bislang eher selten beim Arzt waren, so werden Sie als Schwangere nun recht häufig Ihre Frauenärztin bzw. Ihren Frauenarzt sehen. Natürlich ist es wichtig und richtig, sich in Abständen zu vergewissern, dass alles in Ordnung ist. Denken Sie aber immer daran, dass Sie weder krank noch ein therapiebedürftiges Individuum sind.

Früher waren die Frauen einfach „guter Hoffnung". Man wusste den ungefähren Zeitpunkt, an dem sich das Kindlein auf den Weg machen wird, und die Hebamme kam ab und zu vorbei und half schließlich bei der Geburt.

Manche Vorschläge auch von Seiten des Fachpersonals werden Sie verunsichern. Sie müssen auch nicht zu jeder Untersuchung Ja und Amen sagen. Wenn Ihnen etwas komisch vorkommt oder Sie ängstlich werden, gehen Sie nach Hause und schlafen Sie eine Nacht darüber. Lassen Sie sich zu nichts drängen.

Meistens hat man eine Mutter, an die man sich vertrauensvoll wenden und die man mit Fragen löchern kann. Oder sogar eine liebevolle Schwiegermama, die hilfreich zur Seite steht.

Ganz wichtig: Hören Sie nicht auf Horrorgeschichten, wie beschwerlich die Schwangerschaft war, wie lange frau in den Wehen lag und wie schlimm das alles gewesen ist. Das Empfinden hängt immer von der persönlichen Einstellung ab, den Lebensumständen, ob das Baby ein Wunschkind ist, und von vielen anderen Dingen mehr.

Zu den typischsten Anzeichen einer Schwangerschaft gehören z.B. Spannen der Brust, Geruchsempfindlichkeit, Übelkeit und Erbrechen. All diese Erscheinungen haben ihren Sinn; die hormonellen Veränderungen sind Auslöser hierfür. Wenn Sie Fieber bekommen und die Lymphdrüsen der Achsel druckempfindlich sind, suchen Sie besser die Hebamme Ihres Vertrauens bzw. Ihren Arzt auf. Überhaupt ist eine gute Hebamme Gold wert!

Ich möchte Ihnen für Schwangerschaft und Geburtvorbereitung natürliche Mittel zeigen, die Sie selbst herstellen können. Das Meiste davon war unseren Großmüttern noch geläufig.

Eine wichtige Einschränkung vorab: Die nachfolgenden Rezepturen erheben keinerlei Anspruch auf Wirksamkeit. **Und es gibt einige ätherische Öle, die man in der Schwangerschaft unbedingt meiden sollte, da sie gebärmutterwirksam sind.** (s. S. 25 und 30)

Brustpflege

Um das Spannen der Brust erträglicher zu machen, gibt es einige hilfreiche Rezepturen.

Auflage aus Lavendelöl:

Dazu in ¾ l **Wasser 2 Tr Lavendelöl** geben, ein sauberes Mulltuch einweichen und auswringen, auflegen.

Aus der homöophatischen Hausapotheke:

Conium D6 (bei Brustbeschwerden, verursacht durch die Vergrößerung)
Bryonia D6 (bei harten, gespannten Brüsten)
Belladonna D6 (bei harten und gespannten Brüsten mit roten Steifen)
Dosierung: 3-mal täglich 3 Globuli vor dem Essen unter die Zunge legen.

Massageöl

In **100 ml Ringelblumenöl, 20 Tr Lavendelöl** und **10 Tr römisches Kamillenöl** mischen. Gut schütteln. Von der Brustwarze weg ganz sanft einmassieren.

Das **Ringelblumenöl** können Sie selbst herstellen: Von voll erblühten **Ringelblumenblüten** die Blättchen zupfen, in ein sauberes Marmeladenglas einlegen und mit **Maiskeimöl** auffüllen, darauf achten, dass die Blüten bedeckt sind. Gut verschließen. 4 Wochen ausziehen lassen und filtrieren.

Brustwarzenöl

Lilienblätter in Öl einlegen, ausziehen lassen, seihen, filtrieren. Das Öl sanft einmassieren.
Manche schwören auf pures gereinigtes Lanolin, andere auf Kokosöl.
Das Öl ist auch gut für die Stillzeit. Wichtig ist hier nur, dass Sie vor dem Stillen eventuelle Rückstände wieder abwischen.

Lavendel

Damm-Massage

Die **Damm-Massage** soll das Gewebe weicher und elastischer machen und damit einem Riss bei der Geburt vorbeugen. Durch das Gefühl der Dehnung des Dammes gewinnen Sie an Selbstvertrauen, was den Geburtsverlauf positiv beeinflussen kann. In dem Moment, in dem die Dehnung durch das Köpfchen tatsächlich auftritt, werden Sie es leichter los- und rauslassen können. Ab der 34. Schwangerschaftswoche können Sie drei- bis viermal pro Woche damit beginnen.

Damm-Massageöl 1
40 ml Mandelöl, 10 ml Weizenkeimöl, 10 ml Jojobaöl. Aus der Aromatherapie gibt es noch **4 Tr Muskatellersalbeiöl** und **je 2 Tr** von den **ätherischen Ölen Rose türkisch** sowie **Rose marokkanisch** hinzu. Anschließend gut verschütteln.

Damm-Massageöl 2
2 Tr Muskatellersalbeiöl, 1 Tr Rosenöl türkisch und 1 Tr Palmarosaöl in 30 ml Mandelöl oder Johanniskrautöl sowie 20 ml Weizenkeimöl geben und vermischen.

ACHTUNG!

Nicht anwenden bei vorzeitigen Wehen oder Erkrankungen im Vaginalbereich (Ihre Hebamme oder Frauenärztin weiß Rat).

Am besten duschen oder baden Sie vorher. Eine warme Kompresse erfüllt ebenfalls den Zweck, das Gewebe zu erwärmen. Machen Sie es sich bequem, Hände waschen. Erwärmen Sie etwas Öl in den Händen. Führen Sie den Daumen in die Scheide ein, der Zeigefinger massiert den Damm äußerlich. Die Bewegungen sollen kreisend sein. Sie können nun versuchen die Scheide sanft zu dehnen, indem Sie zwei Finger einführen und diese dann etwas spreizen. Wenn es anfängt zu zwicken, ein- bis zweimal in den Druck einatmen und loslassen. Mehrmals wiederholen.
Vergessen Sie nicht: Sie sollen sich wohlfühlen, es darf nicht wehtun. Gönnen Sie sich danach noch eine Ruhepause.
Eine bildhafte Anleitung zur Damm-Massage erhalten Sie auch von Ihrer Hebamme und im Internet.

TIPP

*Fragen Sie Ihre Hebamme auch nach weiteren pflanzlichen Helferlein. **Himbeerblättertee** wirkt z. B. erweichend auf den Muttermund. Auch bei wehenunterstützenden oder Mitteln gegen Wehenschmerzen weiß sie sicher Rat. Übrigens: 20 Tr Muskatellersalbei in 60 ml Mandelöl ergibt ein prima Massageöl gegen Wehenschmerzen.*

Körperpflege

Gönnen Sie sich selbst und Ihrem Körper in dieser besonderen Zeit etwas Gutes. Die folgenden Rezepturen helfen nicht nur, den immer runder werdenden Bauch zu pflegen, sondern auch zu entspannen und sich einfach mal zu verwöhnen. Das ist ganz wichtig!

Kokos-Mandelbutter-Balsam
10 g Kokosfett und 20 g Mandelbutter schmelzen, 1 Tr Rosenöl einarbeiten.

Mamis Balsam
5 ml Aprikosenkernöl, 5 ml Distelöl und 10 ml Kokosöl mit 5 g Bienenwachs schmelzen. Nun 30 ml Sonnenblumenöl (Mazerat von Kamille geht auch) einrühren, dazu 5 ml Kamillenblütenaufguss und 1 g Lanolin.

Dekolletépflegeöl
20 g Mandelöl, 10 g Nachtkerzenöl, 10 g Distelöl, 20 g Jojobaöl mit 10 Tr Sandelholzöl, 8 Tr Weihrauchöl, 10 Tr Orangenöl vermischen. Wirkt hautstraffend am Dekolleté.

Babybauchöl
10 Tr Lavendelöl, 5 Tr Rosenöl in 50 ml Jojobaöl und 50 ml Ringelblumenblütenmazerat verschütteln.

Massageöl gegen Schwangerschaftsstreifen
5 Tr Mandarinenöl, 10 Tr Lavendelöl und 5 Tr Neroliöl mit 40 ml Mandelöl und 10 ml Weizenkeimöl vermischen. Ein- bis dreimal täglich auf dem Bauch einmassieren.

Massageöl gegen Schwangerschaftsstreifen Nr. 2
10 g Rosenblüten, 10 g Lavendelblüten und 10 g Löwenzahnblüten in ein Glas geben, mit 30 ml Weizenkeimöl und 60 ml Mandelöl aufgießen, verschließen und ein Mazerat herstellen. Nach drei Wochen seihen und in eine dunkle Flasche füllen. Damit den wachsenden Babybauch und die Oberschenkel pflegen.

Bodybutter gegen Schwangerschafts-streifen

Ein Stück frische Ingwerwurzel klein raspeln, mit **30 ml Kokosöl** in einem kleinen Topf erwärmen und den Ingwer einlegen. Über Nacht ausziehen lassen, erwärmen, Ingwer mit einem Sieb rausfischen und auspressen. Neuen Ingwer einlegen. Wieder über Nacht abkühlen lassen, am nächsten Tag sanft erwärmen und gut filtrieren, dann **1 g Bienenwachs** darin schmelzen, dazu noch **20 g Sheabutter** geben, nach dem Schmelzen leicht abkühlen lassen. **30 ml Mandelöl** sowie **10 ml Kamillenblütenöl** sowie **10 Tr Mandarinenöl** zugeben.

Massageöl

8 Tr Muskatellersalbeiöl, 2 Tr Rosenöl und **5 Tr Sandelholzöl** mit **50 ml Macadamianussöl** vermischen.

Bodyöl „Vanilletraum"

1 Vanillestange grob hacken und mit **60 ml Rapsöl** im verschlossenen Gefäß ca. zwei Wochen stehen lassen. Danach abseihen.

Sanftes Gesichts- und Körperpeeling

5 ml Rapsöl, 20 g Kakaobutter, 6 g Bienenwachs bei geringer Temperatur schmelzen. Vom Ofen nehmen und **30 g Salz** (im Mörser fein zerrieben) einarbeiten. Wenn das Ganze fast abgekühlt ist, noch **10 Tr ätherisches Grapefruitöl oder ein anderes Zitrusöl** zugeben und gut vermischen und in ein Kunststoffgefäß abfüllen. Am besten einmal pro Woche anwenden. Es können auch noch **einige Tropfen Vitamin E** zugefügt werden.

Körperpeeling – Rose, Lavendel, Ringelblume & Kräuter

In eine weite Schüssel **1 Tasse fein geriebenes Meersalz** geben, dazu **eine halbe Tasse Mandelöl oder Rapsöl.** Alles gut vermischen und auftragen.

Bodybutter

120 g Kakaobutter und **50 g Sheabutter** schmelzen. **½ TL Honig** und **100 ml Rapsöl** sowie **60 ml Mandelöl** hineingeben und so lange rühren, bis die Masse erkaltet ist.

Noch eine persönliche Bemerkung zum Thema „Schwangerschaftsspuren":
Nach einer Schwangerschaft wird Ihr Körper in den seltensten Fällen aussehen wie vorher. Seien Sie stolz auf sich, Sie haben Leben geschenkt. Und Schwangerschaftsstreifen verblassen mit der Zeit.

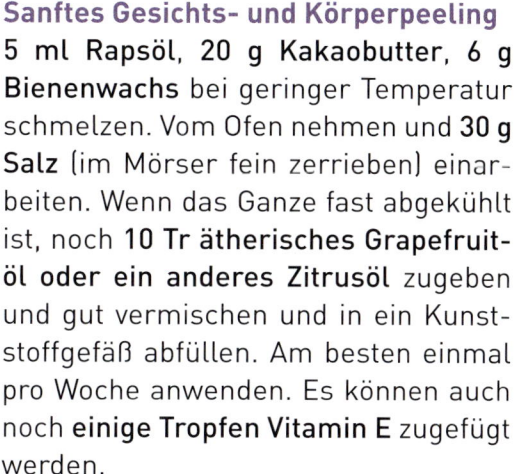

Geburt

Alle Schwangeren machen sich angesichts des wachsenden Bauches Gedanken. Und dann ist sie da, die Angst vor der Geburt, sie kommt im Laufe der Zeit heimlich, leise wachsend, so wie der Bauch wächst. Das ist normal, stellen Sie sich Ihren Ängsten, atmen Sie sie aus. Ich wünsche Ihnen von Herzen, Sie mögen ein starkes, selbstbewusstes Weib sein, dass sich vom Gerede anderer nicht verwirren lässt.

Denn: Die Angst geht auch wieder, nämlich genau dann, wenn der Bauch anfängt, riesige Ausmaße anzunehmen und Sie vom Schwangersein und dem beschwerlichen letzten Drittel die Nase voll haben. Sie sehnen sich nach Ihrem Kind, wollen es endlich in den Armen halten.

Natürliche sanfte Geburt

Im besten Falle setzt nach den neun einzigartigen Monaten die spontane Geburt ein. Freuen Sie sich darauf, endlich ist es soweit. Sie schaffen das. In Ihnen ruhen das Wissen und die Erfahrung abertausender Frauen, die vor Ihnen das Abenteuer Schwangerschaft und Geburt durchlebt haben. Glauben Sie an sich, Sie wissen instinktiv, was Sie tun sollen. Ihr Körper ist der Wegweiser.

Wochen vorher schon hat Ihre Gebärmutter einige „Probeübungen", die sich als Ziehen bemerkbar machten, durchgeführt. Natürlich sollte die Geburt nach Möglichkeit so ruhig und sanft wie möglich passieren, denn das Erlebnis wird Sie und auch Ihr Kind prägen. Wichtig ist, dass Sie sich dort wohlfühlen, wo Sie entbinden werden. So haben Sie den Kopf frei für die Geburt, geben Sie sich ganz dem Ereignis hin. Nehmen Sie die Körperhaltung ein, die Ihnen angenehm ist. Im Hocken, Stehen oder Sitzen drückt das Gewicht des Babys nach unten und hilft, den Muttermund zu öffnen. Versuchen Sie, sich zu entspannen und loszulassen.

Wenn Ihr Baby da ist, nehmen Sie es zu sich bzw. lassen Sie es auf sich liegen, an Ihrer Brust, am besten bei gedämpftem Licht. Es sollte es warm und weich sowie den vertrauten Herzschlag im Ohr haben. Lassen Sie die Nabelschnur auspulsieren, bevor sie durchtrennt wird. Das Baby wird von ganz allein anfangen, selbstständig zu atmen. Lassen Sie sich Zeit. Viel Zeit. Geht es Mutter und Kind gut, ist nichts weiter nötig außer Körperkontakt. Wiegen, waschen, anziehen usw. können warten. Riechen Sie an ihrem Baby, es duftet einfach wunderbar!

Die Plazenta

Nachdem das Neugeborene in den Armen seiner Mutter liegt, wird die Nachgeburt geboren, mit Eihäuten sowie dem Rest der Nabelschnur. Es wird auf Vollständigkeit geprüft und dann oft entsorgt. Das war hierzulande nicht immer so. In Deutschland war bzw. ist nach wie vor der Brauch verbreitet, die Plazenta im Garten zu vergraben und einen Baum an dieser Stelle zu pflanzen.

In vielen Kulturen ist die Plazenta aber auch ein Heilmittel. Sie wird getrocknet und zu Pulver vermahlen. In China gibt es getrocknete und pulverisierte Plazenta zu kaufen. Sie soll auf die Wöchnerin wie ein Mega-Energieschub wirken sowie die Milchbildung und die Rückbildung der Gebärmutter anregen.

Kaiserschnitt

Manchmal geht es nicht anders: Es besteht die medizinische Notwendigkeit eines Kaiserschnitts. Die Gründe dafür können vielfältig sein. Das Alter der werdenden Mama oder die Gefahr eines Dammrisses bzw. -schnitts sollten aber nicht zu den Gründen gehören. Bereits während und auch schon vor der Schwangerschaft können Sie einiges dafür tun, dass der Damm elastisch bleibt und ein Dammriss oder -schnitt unter der Geburt verhindert werden kann (siehe Rezepturen auf S. 77).

Bitte denken Sie darüber nach, bevor Sie sich ohne medizinische Gründe für einen Kaiserschnitt entscheiden. Sprechen Sie mit Ihrer Hebamme und Ihrem Arzt darüber und entscheiden Sie sich erst dann. Das Baby braucht den gewaltigen Druck der Wehen, denn diese pressen nicht nur das Kind durch den Geburtskanal, sondern auch das Fruchtwasser aus den Lungen. Kaiserschnittbabys haben öfter Probleme mit der Atmung in den ersten Tagen. Selbst der Wehenschmerz, kommend und gehend, ist wichtig für die Mutter: Man verabschiedet sich vom Schwangersein. Meine Mutter hat immer gesagt: „Danach ist alles vergessen, alle Mühsal, alles Pressen. Man ist einfach nur noch glücklich."

Wenn ein Kaiserschnitt jedoch vorgenommen werden muss, um gesundheitliche Komplikationen bei Ihnen und/oder bei Ihrem Kind zu verhindern, möchte ich Ihnen in punkto Körper- und Schönheitspflege einige Dinge ans Herz legen: Pflegen Sie die Kaiserschnittnarbe – im Kapitel „Körperpflege" (ab S. 78) sind einige Rezepturen, die Sie problemlos verwenden können.

Nach meiner Erfahrung hilft Johanniskrautöl am besten. Ihre Hebamme wird bei der Nachsorge zu Hause ein Auge auf die Narbe haben. Beobachten Sie sich, es wird sich wie bei jeder Wunde Wundschorf bilden, der dann bröckelig wird, genau dann ist der richtige Zeitpunkt gekommen, sanft zu massieren, damit das Gewebe sich nicht verhärtet. Lassen Sie auch viel Luft an die Naht, halten Sie sie trocken. Der leere Babybauch kann nach einem Kaiserschnitt nach unten hängen und so ein feuchtes Klima schaffen, was Entzündungen begünstigt.

Stillzeit

Stillzeit ist auch eine „**stille Zeit**". In dieser Zeit sollten Sie sich **Ruhe** gönnen, es ist an Ihrem Partner, Aufregung und Stress von der Mutter (genauso wie in der Schwangerschaft) fernzuhalten. Dazu gehört auch, dass man der Schwiegermutter und sonstigen Familienmitgliedern im Notfall zeigt, was „eine Harke ist", oder gleich die Tür. Wer nervt, fliegt raus. Punkt. Lassen Sie sich nichts einreden. Sie und Ihr Baby bestimmen den Tagesablauf, nicht umgekehrt. Wenn Ihnen nicht nach Besuch ist, haben Sie bitte im eigenen Interesse keine Scheu, das auch zu sagen.

Stillen ist und bleibt das Beste für das Baby, das hat Mutter Natur ganz fabel-haft eingerichtet. Die meisten Frauen können es. Wer kann und möchte: Herzlichen Glückwunsch zu so viel Mutterliebe und Verstand. Wer nicht möchte, soll es eben nicht tun, aber bitte die stillenden Mamas in Ruhe lassen, selbst wenn die manchmal über das vermeintlich „richtige" oder „übliche" Maß hinaus länger als ein Jahr stillen.

Das Wichtigste ist: Mutter und Kind müssen sich wohlfühlen. Es spielt überhaupt gar keine Rolle, was andere sagen. Es ist auch völlig egal, was die Werbung suggeriert und für was irgendwer „mit seinem Namen" steht. Lassen Sie sich nicht ins Bockshorn jagen, hören Sie bitte auf Ihr ureigenes, mütterliches Bauchgefühl.

Milchbildung / Milchfluss

Einige Zeit nach der Geburt kommt es zum Milcheinschuss, dieser kann unter Umständen recht schmerzhaft sein. Die Brust wird warm, groß und rund, sehr fest und tut dann doch etwas weh. Je nach Temperament und Kraft des Kindes kann das Stillen gerade am Anfang etwas zwicken. Die Hebamme zeigt Ihnen gern, wie das Baby gehalten und angelegt wird. Es kann sein, das Sie einen ungeduldigen Schreihals haben. Dann bleiben Sie ruhig und gefasst und denken bitte immer daran: In einigen Tagen sind Sie Profis – Sie und Ihr Baby. Sie schaffen das!

Die Dauer einer Stillmahlzeit ist abhängig von Mutter und Kind. Bei manchen dauert es 5 bis 10 Minuten, bei anderen länger. Sie werden sehr bald an der Tonlage erkennen, was Ihr Baby braucht. Machen Sie es sich beim Stillen unbedingt bequem, wann immer es geht, und genießen Sie diese Momente. Wenn Sie zu viel Milch haben und es zu unangenehm wird, streichen Sie von hinten nach vorn zur Brustwarze hin mit sanftem Druck ein wenig Milch aus. Sie können auch abpumpen und einfrieren. Denken Sie aber daran: Die Nachfrage regelt das Angebot, pumpen Sie zu viel ab, dann wird wieder mehr produziert.

EINE PERSÖNLICHE BEMERKUNG

Meine Kinder sind ein Paradebeispiel dafür, dass Langzeitstillen nicht schadet. Beide sind pumperlgesund und haben sich prächtig entwickelt.

Es werden immer mal wieder verschiedene Kontra-Argumente angeführt, wenn es ums Stillen geht. Wenn Sie sich auch nicht „hippen" lassen wollen, schreibe ich die Pro-Argumente gleich dazu.

- Papa kann in die Mahlzeiten einbezogen werden und fühlt sich nicht ausgegrenzt: *Es gibt auch noch andere Aufgaben rund um die Babypflege. Da kann Papa auch helfen: z. B. Bäuerchen machen, bei Blähungen auf Papas großer Schulter liegen, baden, Fingerspiele, Wickeln, in den Schlaf wiegen ...*

- Mama weiß, wie viel das Baby getrunken hat. *Ein Baby sollte nach Bedarf trinken – legen Sie keine Menge fest. Wenn es doch mal sein muss, machen Sie einfach die „Stillprobe": Das Kindchen vor und nach dem Stillen wiegen. Dann wissen Sie es auch.*

- Das Kind nimmt schneller zu. *Muss das sein? Kann es nicht zunehmen, wie es Mutter Natur vorgesehen hat?*

- Mama kann normal essen und auch mal Alkohol trinken. *Man kann sich doch auch so normal ernähren und auf Alkohol verzichtet man doch bestimmt gern – oder nicht?*

- In der Stillzeit kann Mama keine Diät machen. *Stillen ist die schönste Art, Gewicht zu verlieren.*

- Keine auslaufenden Brüste und nasse Pullover. *Es gibt Still-BHs und Stilleinlagen bzw. Milchauffangschalen, da heilt sogar noch eine wunde Warze ab.*

- Keine Brustentzündungen / Schmerzen beim Anlegen. *Nicht jede stillende Frau bekommt automatisch eine Entzündung. Das Anlegen selbst ist nicht schmerzhaft, wenn man es richtig macht. Brustentzündungen können ganz verschiedene Ursachen haben.*

- Brustwachstum wird durch Nichtstillen angehalten, daher keine (weiteren) Dehnungsstreifen. *Bei vielen Frauen gibt es bereits mit Schwangerschaftsbeginn und/oder spätestens mit dem Milcheinschuss unmittelbar nach der Geburt den „Vergrößerungsschub". Dehnungsstreifen begegnet man am besten von vornherein mit guter Pflege.*

Milchbildungstee

Je 10 g Kümmel, Eisenkraut, Basilikum, Fenchel und je 5 g Anis, Taubnessel, Gänsefingerkraut, isländisch Moos sowie 15 g Zinnkraut mischen.

Pro Tag 2 gestrichene EL mit ½ l kochendem Wasser übergießen, 5-10 Minuten ziehen lassen. Die Trinkmenge kann bis auf einen Liter gesteigert werden.

Massageöl zur Milchbildung

In 100 ml gutes Mandelöl geben Sie je 1 Tr der ätherischen Öle Rose marokkanisch abs., Fenchel, Karottensamen, Koriandersamen sowie je 2 Tr folgender ätherischen Öle: Lavendel extrafein, Anis und Kreuzkümmel.

Gut verschütteln. Zwei- bis dreimal täglich nach dem Stillen die Brust damit massieren, aber nicht die Brustwarze. Das Öl vorher in den Händen anwärmen. Reste abwischen und insgesamt sparsam sein.

Brustwarzenpflege

Ein kleineres Übel sind wunde Brustwarzen, die durch falsches Anlegen entstehen können, aber auch durch ein sehr ungeduldiges und kräftiges Baby.

Mein Sohn war so ein Kandidat, bei meiner Tochter spürte ich dagegen nur ein zartes Zupfen.

TIPPS

Um den Milchfluss zu erleichtern, können Sie sich warme Umschläge mit einem großem Mulltuch/einer Babywindel machen. Die Wärme tut gut. Nach dem Stillen die Brustwarzen mit etwas Muttermilch an der Luft trocknen lassen. Die Muttermilch unterstützt die Heilung. (Im Übrigen auch bei wunden Baby-Popos!)

Beim Stillen nicht verkrampfen, sondern tief ein- und ausatmen, damit den Schmerz wegatmen.

Brusthütchen aus Silikon verwenden, wenn es richtig schlimm sein sollte.

Das Baby mal anders anlegen (von der Hebamme zeigen lassen), ein (Still- oder Seitenschläfer-)Kissen erleichtert das Halten des Kindes.

Massageöl bei wunden Brustwarzen
1 Tr ätherisches Rosenöl auf **20 ml sü-**
ßes Mandelöl, gut verschütteln. Nach
dem Stillen sanft auftragen.

> **TIPP**
>
> Manche Hebamme schwört auf gereinigtes Wollfett (Lanolin). Finden Sie her-
> aus, ob es Ihnen gut tut.
> Es gibt spezielle Salben für wunde Brustwarzen in der Apotheke, verlangen Sie
> Lanolin in einem 20 g Töpfchen, das reicht ewig und ist mitunter genau dasselbe
> wie ein weitaus teureres Fertigprodukt.

Abstillen

Das Abstillen geschieht eigentlich automatisch, wenn man der Natur ihren
Lauf lässt. Ihre Brust ist bestens trai-
niert, da Sie sowieso nach Bedarf stillen.
Wie lange Sie stillen und wann Schluss
damit ist, entscheiden Sie zusammen
mit Ihrem Baby. Bloß kein Theater und
kein schlechtes Gewissen, freuen Sie
sich, wenn es lange und reichlich fließt.
Wenn Sie sich entschlossen haben,
abzustillen, dann gibt es auch wieder
pflanzliche Helfer: Pfefferminze und
Salbei.

Aufguss zum Abstillen
Den Aufguss bereiten Sie so: Auf **1 TL**
Kräutermischung (mit Pfefferminze
oder Salbei) **250 ml kochendes Wasser**
geben, zugedeckt 5-10 Minuten ziehen
lassen. Ein- bis maximal zweimal pro
Tag eine Tasse trinken, ungefähr drei
Wochen lang. Auch hier gilt: In der Ruhe
liegt die Kraft. Es dauert seine Zeit, bis
die „stille Zeit" zu Ende geht.

BABY-PFLEGE

Der Wunsch nach selbstbestimmter Pflege bezüglich der Inhaltsstoffe ist größer denn je. Nutzen Sie das Internet: einerseits für den regen Austausch mit Gesinnungsgenossinnen, andererseits für den Bezug der Rohstoffe zu moderaten Preisen. Es ist einfacher als Sie denken, Pflegemittel für Ihr Baby auf natürlicher Basis selbst herzustellen!

MEIN PERSÖNLICHER TIPP

Wenn das Baby geboren wird, ist es oft noch von der sogenannten Käseschmiere überzogen. Lassen Sie sie ruhig einziehen. Waschen (lassen) können Sie das Baby später immer noch.

Wickeln

Etwas, was Sie in den nächsten Monaten begleiten wird, ist das Wickeln des Säuglings. Ungefähr sechsmal am Tag braucht er eine neue Windel. Ob Stoffwindel oder Wegwerfwindel, müssen Sie selbst entscheiden. Es hat sich herausgestellt, dass es sowohl im Hinblick auf Ihren Geldbeutel als auch im Hinblick auf die Umweltbelastung (Müll durch Wegwerfwindel vs. Waschen der Stoffwindeln) keinen „Gewinner" gibt.

MEIN PERSÖNLICHER TIPP

Beim Windelwechseln alle Utensilien in Griffweite bereitstellen und unbedingt für Wärme sorgen (ein Heizstrahler über dem Wickeltisch ist ideal).

Pflegetipps

Reinigen Sie den Genitalbereich mit einem warmen, feuchten (nicht nassen) Lappen. Beim Mädchen von der Scheide zum Po hin wischen. Bei Jungen bitte die Vorhaut nicht zurückziehen. Sie ist mit der Eichel verklebt und löst sich irgendwann von alleine.

Klares Wasser ist völlig ausreichend. Sind Sie unterwegs, nehmen Sie am besten weichen Zellstoff mit etwas Öl. Keine Feuchttücher! Die darin enthaltenen Stoffe reizen Babys gesunde Haut.

Pflege-Rezepturen für den Windelbereich und gegen wunden Po finden Sie auf S. 95. Lassen Sie Ihr Baby viel an der frischen Luft strampeln.

Ganz wichtig: Lassen Sie das Kind beim Wickeln nicht eine Sekunde aus den Augen! Sie sind oft mobiler als man denkt.

Ein Wort zum Puder: Puder jeglicher Art können mit Feuchtigkeit verklumpen und dann die Haut zusätzlich reizen. Also lieber gar nicht anwenden.

Baden

Die meisten Babys lieben warmes Wasser, sie entspannen sich und schlafen danach besser ein.

Einige Tipps:
- Die Raumtemperatur sollte bei mind. 22 °C liegen, die Wassertemperatur bei 35 - 37 °C (Badethermometer benutzen).
- Verzichten Sie auf Badezusätze. Klares Wasser ist völlig ausreichend. Maximal etwas Olivenöl oder Mandelöl, in Milch oder Sahne verquirlt, zur Pflege bei trockener Haut dazu geben.
- Ein Baby muss nicht täglich gebadet werden, einmal pro Woche genügt völlig.
- Lassen Sie das Baby langsam ins Wasser gleiten, geben Sie ihm Zeit, sich an das Wasser zu gewöhnen. Nach dem Baden das Kind in ein Handtuch einschlagen und gut abtrocknen, besonders Nabel, Achselhöhlen, Zehenzwischenräume, die Haut hinter den Ohren, zwischen den Pobacken und im Genitalbereich sowie in den Falten an den Oberschenkeln.

- Sie können Ihr Baby auch einfach mit in die große Wanne nehmen: Auf der elterlichen Brust ist es sicher. Natürlich sollte dann aber jemand anders bereit stehen und den Sprössling abnehmen.

Babys Badeöl
60 ml Muttermilch oder Sahne mit **1 TL Sonnenblumenöl** und **20 Tr Kamillenöl** vermischen. Davon einen halben TL in die Wanne geben.

Badezusatz (Kräuterbad) bei wundem Popo
Kamillenaufguss zum Badewasser hinzugeben, auch etwas **Muttermilch** an den Po wirkt Wunder.

Badezusatz bei Erkältungen
Ein **Tröpfchen Cajeputöl** (mit **ein wenig Muttermilch oder Ziegenmilch** mischen) dem Badewasser zugeben.

Noch ein Wort zur Vorhautverengung und Schamlippenverklebung bei Babys

MEIN PERSÖNLICHER TIPP

Einige Jungen haben eine Vorhautverengung, die man gern und meiner Meinung nach viel zu schnell operativ behebt. Entscheiden Sie sich bitte nicht vorschnell für eine Vorhautentfernung, sondern besprechen Sie sich ausführlich mit dem Kinderarzt und holen Sie ggf. eine zweite Meinung ein.

In diesem Fall können ausnahmsweise auch hormonhaltige Salben über einen kurzen Zeitraum zu Erfolgen führen.

Mädchen kommen manchmal mit einer Verklebung der inneren Schamlippen auf die Welt. Eine niedrig dosierte östrogenhaltige Creme, die auf die Nahtstelle aufgetragen wird, ist in diesem Fall die beste Option. Bitte keine übertriebene Hygiene mit Feuchttüchern oder aggressiven Reinigungsmitteln: diese könnten eine Verklebung sogar begünstigen.

Nabelpflege

Zwischen 3 und 14 Tagen dauert es, bis der Nabelschnurrest abfällt. (Keine Angst, Ihr Baby spürt nichts mehr an der Nabelschnur.) Vielleicht nutzt Ihre Hebamme eine Nabelbinde, vielleicht auch nicht. Sie wird Ihnen genau zeigen, wie Sie den Nabel richtig pflegen. Wichtig ist, ihn sauber und trocken zu halten. Schlagen Sie die Windel vorn einmal um, dann scheuert nichts und es kann kein Urin drankommen.

Sollten Sie feststellen, dass die Haut gerötet ist, blutet oder gar eitrig ist, könnte dies ein Anzeichen für eine Entzündung sein. Fragen Sie Ihre Hebamme oder gehen Sie zu einem Arzt – vor allem dann, wenn das Kind zudem Fie-

ber hat. Wölbt sich der Nabel vor, sollten Sie ebenfalls einen Arzt aufsuchen, um einen Nabelbruch auszuschließen oder behandeln zu lassen.

Wenn der Nabelrest abgefallen ist, könnte immer noch Wundsekret austreten. Auch hier sind Sauberkeit und Trockenheit oberstes Gebot. Manchmal kann es auch zu knotigen Gewebsneubildungen kommen, wenn der Nabel entzündet war. Auch gegen diese Wucherungen weiß die Hebamme Rat. Ein Wattestäbchen mit etwas Öl oder Muttermilch ist ideal, um die Nabelstelle wie auch andere Hautfalten zu säubern.

Fingernägel

Es wird empfohlen, die Nägel in den ersten sechs Wochen nicht zu schneiden. Allerdings zerkratzen sich die Kleinen oft das Gesicht. Hier helfen Fäustlinge – oder schneiden Sie dem Baby ganz vorsichtig die Nägel mit einer Babynagelschere, wenn es schläft.

Kopfhaut- und Haarpflege

Auf der Kopfhaut kann sich ein Belag bilden, den der Volksmund Milchschorf nennt. Dieser löst sich von ganz allein. Man kann auch das Köpfchen mit Mandelöl einölen und mit der Babybürste die losen Hautschuppen ganz vorsichtig wegbürsten. Waschen Sie dem Baby die Haare am besten beim Baden. Danach gut abtrocknen, nicht rubbeln, und nach Möglichkeit an der Luft trocknen lassen.

Augen

Manche Babys haben verklebte Augen. Ein Wattebausch mit Muttermilch, stark verdünntem Kamillentee oder abgekochtem lauwarmen Wasser getränkt bringt hier Abhilfe. Immer nur von außen nach innen wischen. Sollte es nicht besser oder gar schlimmer werden, unbedingt Hebamme oder Arzt fragen.

Sonnen- und Kälteschutz

Wenn Ihr Baby keine Probleme mit der Haut hat, dann tragen Sie als Kälteschutz eine fetthaltige Creme auf. Für den Sonnenschutz kann man leider keine Milch selbst herstellen, hier muss man auf Babysonnenmilch aus der Drogerie ausweichen. Achten Sie darauf, dass das Produkt frei von Konservierungs-, Duft- und Farbstoffen ist. Produkte mit ausschließlich pflanzlichem Öl haben nicht mehr als LSF 6. Ansonsten gilt: Zwischen 11 und 15 Uhr nicht hinaus in die pralle Sonne! Und wenn es doch mal gar nicht anders geht: immer einen großen Sommerhut oder eine Schirmmütze aufsetzen.

Körperpflege

Sowohl zur Pflege des Windelbereichs als auch z. B. zur Babymassage können Sie selbst Öle und Cremes auf einfacher Basis herstellen. Hier einige sehr einfache Rezepturen, die sich schnell umsetzen lassen. Für alle Rezepturen gilt: Das Endprodukt in ein sauberes Gefäß füllen und im Kühlschrank aufbewahren.

Babyöl 1
50 ml süßes Mandelöl mit **5 Tr Alpha-Bisabolol** verschütteln.

Babyöl 2
25 ml Mandelöl und **25 ml Distelöl** mit **Kamillenblüten** für 3 Wochen ausziehen lassen, filtrieren.

Babys Ölgel
75 ml Maiskeimöl mit **Kamillenblüten** mazerieren lassen, mit **25 ml Distelöl** und **3 g Bienenwachs** im Wasserbad schmelzen und abkühlen lassen. Nun noch **5 Tr Alpha-Bisabolol** zufügen und gut vermischen.

Basissalbe
20 g Bienenwachs, **20 g Cetylalkohol** und **75 g Adeps Lanae anhydricum** im Wasserbad schmelzen. Nun **30 g Mandelöl** und **20 g Jojobaöl** dazugeben, anschließend **50 g Kamilleblütenölmazerat** (in Sonnenblumenöl oder Distelöl ausgezogen und filtriert). Anfangs die Öle immer nur tröpfchen- und erst spä-

ter schluckweise zugeben. Gut einrühren und darauf achten, dass die Temperatur nicht 45 °C übersteigt. Die fertige Basiscreme in ein sauberes Gefäß füllen und im Kühlschrank lagern.

> **MEIN PERSÖNLICHER TIPP**
>
> *Diese Salbe ist auch prima für jeden anderen Hauttyp geeignet. Sie beruhigt und versorgt die Haut mit wichtigen Stoffen.*

Ziegenmilchcreme
25 ml beste Vollmilch in ein Gefäß geben und für einige Minuten kräftig rühren. In einem Messbecher **50 ml bestes Pflanzenöl** (je nach Hauttyp) abwiegen und tröpfchenweise untermischen, dabei fleißig rühren! Nach und nach kann das Öl etwas schneller hinzugegeben werden.
Die Creme in Töpfchen füllen und im Kühlschrank aufbewahren.

> **MEIN PERSÖNLICHER TIPP**
>
> *Eine wunderbar pflegende Creme, die fast nichts kostet! Und man kann prima ätherische Öle, Kräuteröle, Propolis oder Vitamin-Tropfen einarbeiten.*

Grundrezept für eine lanolinhaltige Creme

15 ml Distelöl (oder anderes Öl – je nach Hauttyp), **7 g Lanolin anhydrid**, **2 g Bienenwachs** und **2 g Sheabutter** schmelzen. Dann **30 ml dest. Wasser oder Mineralwasser** (Kräuteraufguss filtriert) einarbeiten und so lange rühren, bis die Creme erkaltet ist.

Babymassageöl

1 Tr ätherisches Rosenöl mit **50 ml Öl** (Mandel-, Aprikose-, Maiskeim-, Distel- oder Sonnenblumenöl) mischen. Es können auch 2 Öle kombiniert werden.

Kräutersalbe

100 ml Kräuterölauszug (je nach Hauttyp) mit **15 g Bienenwachs** schmelzen. Abkühlen lassen und **2-3 Tropfen ätherisches Öl** einarbeiten.

Kleine Wehwehchen

Weiche Zinkpaste (Standardrezeptur)

30,0 g Zinkoxid, 15,0 g Mandelöl, 5,0 g Distelöl, Biovaseline: ad 100,0 g

Zinkpaste als Heilsalbe (Standardrezeptur)

30,0 g Zinkoxid, 20,0 g Mandelöl, 10,0 g Kamillenblütenaufguss, Biovaseline: ad 100,0 g
s. a. Kapitel „Die Techniken", S. 65

Heilsalbe

50 ml Johanniskrautmazerat mit **10 g Sheabutter** und **10 g Bienenwachs** im Wasserbad schmelzen. **2 Tr Vitamin E** konservieren.

Bienengoldsalbe

20 g Bienenwachs vorsichtig schmelzen, mit **10 ml Ringelblumenöl** verrühren. Wenn die Temperatur unter 40 °C sinkt: **5 Tr Propolis** und **20 g Bienenhonig** einrühren.

Creme gegen Ausschlag am Po

50 g reines unraffiniertes Kokosöl im Wasserbad schmelzen. ½ **EL Ringelblumenblüten** und ½ **EL Kamilleblüten** hinzufügen und die Wärme eine Weile halten. Anschließend den Ansatz durch ein feines Sieb geben, die Blütenblätter ausdrücken. In das noch warme Kokosöl **25 g reine Sheabutter** geben. Das Töpfchen wieder auf das Wasserbad setzen und die Sheabutter darin schmelzen lassen. Wenn Sie möchten, können Sie noch **0,5 g Zink** hinzufügen.

Bauchwehöl

Einen **Ölauszug aus Dill, Fenchel und Kümmel in Mandelöl** herstellen und Babys Bauch damit ganz sanft massieren.

HAUT-PFLEGE

FÜR DIE GANZE FAMILIE

Die Hauttypen

Stimmen Sie die Pflege auf Ihren Hauttyp ab (der sich übrigens im Laufe Ihres Lebens verändern kann und wird). Sie werden bei jeder meiner Rezepturen für Cremes, Salben etc. die Angabe des Hauttyps finden.

Man unterscheidet verschiedene Hauttypen

normale Haut
- kleinporig und gleichmäßig transparent
- von rosiger Farbe und gut durchblutet
- fühlt sich angenehm, weder fettig noch trocken an

trockene Haut
- schuppt an manchen Stellen
- neigt zum Juckreiz und spannt
- oft raues und fleckiges Aussehen
- altert schneller

fett-feuchte Haut
- große Poren und Mitesser
- glänzt fettig
- Farbe manchmal gelblich und fahl

Mischhaut
- auf Nase, Kinn und Stirn fett-feuchte Haut
- an den Wangen normale bis trockene Haut

Darüber hinaus finden Sie Rezepturen für Baby- und Teenagerhaut als auch für empfindliche und reife Haut.

Sollten Sie jedoch schwerwiegende Hautprobleme haben, hilft Ihnen keine „Wundercreme". Überlegen Sie, was der Auslöser sein könnte, und versuchen Sie, diesen zu beseitigen. Je nach Veranlagung reagiert die Haut auf psychische Belastungen, Stress, Hormonschwankungen (pubertäre Akne, Schwangerschaft, Stillzeit oder Altersatrophie). Auch UV-Strahlung, Umweltgifte (z. B. aggressive Substanzen in Körperpflegemitteln) und eine ungesunde Lebensweise (zu viel Alkohol, Rauchen, eine unausgewogene Ernährung) etc. hinterlassen ihre Spuren.

MEIN PERSÖNLICHER TIPP

Wir alle möchten vital und gesund aussehen. Vor allem in Zeiten von Stillzeit und Baby- bzw. Kinderpflege ist dies aber oft nicht möglich. Lange Nächte und anstrengende Tage fordern ihren Tribut. Gönnen Sie sich deshalb regelmäßige Auszeiten, eine entspannende Körperpflege und Musestunden nur für Sie. Lernen Sie, sich zu mögen, wie Sie sind. Sie sind einmalig. Seien Sie nett zu sich und nicht zu streng. Verabschieden Sie sich aber von dem Ansinnen, immer frisch oder gar faltenfrei auszusehen. Denken Sie einfach daran: Mit jedem Fältchen werden wir nicht nur älter, sondern auch reifer, weiser, erfahrener, besonnener. Das darf man auch sehen!

MEIN PERSÖNLICHER TIPP FÜR ALLE FRISCH GEBACKENEN MÜTTER UND VÄTER

Bitte versuchen, Dauerstress zu vermeiden und mehr zu schlafen. Also: Wenn das Baby tagsüber schläft, nicht etwa den (naturgemäß auf der Strecke bleibenden) Haushalt erledigen, sondern ebenfalls hinlegen! Ihr Baby und auch Ihre Gesundheit werden es Ihnen danken.

Grundpflege-Tipps für jeden Hauttyp

Babyhaut

Ein Baby hat unvergleichlich zarte Haut mit feinen Poren, weich und glatt, sie reagiert sehr empfindlich auf zu intensive Sonnenstrahlung und übertriebene Pflege.

Selbst die Fachleute sind sich uneins, wie denn nun diese um 30 % dünnere Haut am besten zu pflegen sei. Hier sind Eltern gut beraten, auf ihr Bauchgefühl zu hören. Auf S. 94/95 finden Sie einige einfache Rezepturen, mit denen Sie eigentlich nichts falsch machen können.

Teenagerhaut

Die Haut in der Pubertät fährt manchmal genauso Achterbahn wie das Gefühlsleben des werdenden Erwachsenen. Bei vielen Teenagern sprießen die Pickel über Nacht. Mit natürlichen Pflegemitteln kann man das oft gut in den Griff bekommen. Bei Akne ist jedoch ein Gang zum Dermatologen angebracht! (Übrigens auch für den Seelenfrieden Ihres Sprösslings.)

MEIN PERSÖNLICHER TIPP

Beziehen Sie Ihr Kind in die Auswahl der Körperpflegemittel und auch in deren Herstellung mit ein. So entwickeln Kinder ein Bewusstsein für sich selbst und ihren Körper und übernehmen Verantwortung.

Normale Haut

Reinigen Sie das Gesicht am Morgen mit Wasser und Seife oder nur mit einer Reinigungscreme. Make-up wird mit einer milden Lotion abgenommen, danach das Gesicht mit einen sanften Gesichtswasser tonisiert. Am Morgen können Sie Feuchtigkeitscreme auch unter dem Make-up verwenden. Gelegentliche Masken werden Ihrer Haut gut tun. Die Zusammensetzung bestimmen Sie individuell nach Ihren Bedürfnissen.

Trockene Haut

Trockene Haut freut sich über die Reinigung mit Reinigungscreme und anschließendes Tonisieren mit einem Gesichtswasser, Rosenwasser oder Kräuteraufguss, diese erfrischen die Haut, überschüssiges Fett wird entfernt. Beim Gesichtswasser auf geringen Alkoholgehalt achten (ein zu hoher Gehalt kann die Haut zusätzlich austrocknen). Zum Waschen nehmen Sie einfach Wasser, und vielleicht eine rückfettende Seife. Gönnen Sie sich eine gelegentliche reichhaltige Maske am Abend.

Fettfeuchte Haut

Das Gesicht wird am Morgen entweder nur mit Wasser oder mit Wasser und Seife bzw. einer Reinigungscreme oder Lotion gewaschen. Am Abend verfahren Sie ebenso. Überschüssiges Fett nehmen sie mit einem milden, selbst gemischten Gesichtswasser ab (Rezepturen ab S. 112).

Dieser Hauttyp braucht öfter eine Reinigung, am besten immer wieder tagsüber einmal das Gesicht waschen. Make-up mit einer Reinigungscreme abnehmen, danach mit Gesichtswasser tonisieren.

Mischhaut

Bei Mischhaut finden sich beide Phasen: trocknen und fettig. Die fettigen Partien mit einer Reinigungscreme und entsprechenden Wässerchen behandeln (siehe oben). Die trockenen Stellen so pflegen, wie trockene Haut gepflegt werden sollte (siehe oben).

Rezepturen

Pflege für Teenagerhaut

Auflage für fettige Haut
In eine Schüssel mit heißem Wasser je 1 TL Kamille, Salbei und Lavendel geben. Ausziehen lassen, Kräuter entfernen. Sauberes Tuch darin einweichen, auswringen und recht warm auf die betreffenden Hautpartien legen, bis es kühl wird, dann erneuern.

Salbe für unreine Haut
Stellen Sie ein Mazerat aus Gänseblümchen, Minze, Thymian oder Quackenwurzel her. 25 g Ghee mit 10 g Bienenwachs aufschmelzen, 5 ml Mazerat einrühren, dann in Töpfchen abfüllen.

Pflaster gegen Mitesser
Geht ganz einfach: 2 TL Gelatine mit 2 EL frischer Milch anrühren und quellen lassen. Mit einem Pinsel auf die Nase streichen und fest werden lassen. Dann abziehen. Statt Milch kann man auch Kräuteraufguss nehmen.

Pflege für jeden Hauttyp

Mandelmilch (Reinigung)

100 g süße Mandeln ganz fein zerstoßen. Dazu **150 ml Rosenwasser** erst schluckweise zugeben, später den Rest. **Alternativ 5 % Alkohol** zur Konservierung beimischen.

Abschminköl

15 ml Olivenöl, 5 ml Mandelöl und **10 ml Jojobaöl** in einer Glasflasche mischen. Alternative: Ein reines Öl verwenden, das dem Hauttyp entspricht (siehe S. 19).

Reinigungscreme

10 g Bienenwachs im Wasserbad schmelzen, mit **30 ml Öl** (je nach Hauttyp) mischen. **2 TL Lecithin** einarbeiten, dann **10 ml Hydrolat** (nach Hauttyp) langsam dazugeben und so lange rühren, bis sich eine Creme bildet. Dann **13 Tr ätherisches Öl** (nach Hauttyp) hinzufügen.

Reinigungscreme Nr. 2

Fettphase: **5 g Bienenwachs** mit **15 g Lanolin** und **5 g Kakaobutter** sowie **40 ml Mandelöl** aufschmelzen. Wasserphase: **40 ml destilliertes Wasser oder ein Hydrolat bzw. Aufguss** zugeben, bis zum Erkalten rühren.

Reinigungssalbe

50 ml Pflanzenöl (nach Vorliebe) in **5 g geschmolzene Kakaobutter** und **6 g geschmolzenes Bienenwachs** einarbeiten. Am Schluss bei 30 °C noch **2 Tr ätherisches Öl** in die Salbe einarbeiten.

Gurkenwasser (Reinigung)

1 geschälte Gurke samt Kernen mit dem Pürierstab vermusen, filtrieren, **1 EL Zitronensaft** dazugeben, verschütteln.

Reinigungsölgel

60 ml Kräuterölauszug werden mit **3 g Bienenwachs** vorsichtig aufgeschmolzen. Abkühlen lassen und dann noch **3-4 Tr ätherisches Öl** zufügen. In einer kleinen Petflasche aufbewahren.

Kräuterwasser (Gesichtswasser)

8 g Fenchelsamen zerstoßen, **10 g Salbeiblätter, je 10 g Johanniskrautblüten und Rosmarinblätter mit Blüten** mit **100 ml kosmetischem Basiswasser oder reinem Alkohol** in einem Glas vermischen, fest zudrehen und einen Tag stehen lassen. Nun **100 ml Apfelessig** aufgießen und mind. 2 Tage stehen lassen, dabei immer mal schütteln. **100 ml Hydrolat** (nach Hauttyp) **oder destilliertes Wasser** zugeben und verschütteln. Wenn der Geruch nicht so angenehm ist, mit **etwas Rosenholzöl** nachhelfen.

MEIN PERSÖNLICHER TIPP

*Bei der Herstellung von Gesichts-
wässern ausschließlich frische und
unversehrte Kräuter und Blüten
verwenden! Achten Sie unbedingt
auch auf Sauberkeit.*

Erfrischendes Gesichtswasser für den Sommer

50 ml Biojoghurt in einen Topf geben,
ungefähr **100 ml abgekochtes Wasser**
hineinrühren. Die **abgeriebenen Scha-
len von 2 Bio-Orangen und 1 Bio-Limette** sowie **ein paar Lavendelblüten**
hinzugeben. Alles 1 Tag stehen lassen,
dann sanft erhitzen, abseihen, wenn
nötig mit **etwas Fencheltee** verdünnen.
Für längere Haltbarkeit **ggf. 5 % Alkohol** zufügen.

Honigwasser nach Wilson

**30 ml Honig, 10 g gestoßener Korian-
dersamen, 10 g geriebene Muskatnuss**
und **5 g gestoßene Gewürznelken** in
100 ml Alkohol (40 %, vorzugsweise
Wodka) ansetzen. **60 ml Rosenwasser**
und **60 ml Orangenblütenwasser** zufügen. Alle Zutaten in ein großes Glas
geben, mit Deckel verschließen und
1 Woche stehen lassen, gelegentlich
schütteln. Dann abseihen, filtrieren, in
eine dunkle Flasche füllen und etikettieren.

Süß-saures Gesichtswasser

100 ml Hydrolat (nach Hauttyp) sanft
erhitzen, darin **1 EL Bio-Honig** (kalt ge-
presst) auflösen. Einen **Spritzer Zitronensaft oder Apfelessig** zugeben.

MEIN PERSÖNLICHER TIPP

*Jedes Gesichtswasser kann auch mit Milch, Sahne, Buttermilch oder Honig zu-
sätzlich bereichert werden.*

Drei-Blüten-Wasser

Je **1 Handvoll Holunderblüten, Lavendelblüten und Rosenblüten ohne
Grünzeug** in ein Gefäß schichten, mit
2 Litern kochendem Wasser übergießen, den Deckel schließen. An einem
warmen Ort (Fensterbank) 1 Tag ziehen
lassen, filtrieren, noch mal je **2 Handvoll Holunderblüten, Lavendelblüten**
und **Rosenblüten** dazugeben. Noch
1 Tag ziehen lassen und danach das
Ganze abseihen und filtrieren. Nun abwiegen und ca. **5 % reinen Alkohol** zufügen, um das Wasser zu konservieren.
Anstelle des Alkohols kann man auch
1 bis 2 Tr ätherisches Benzoeöl und etwas **Myrrheöl** hinzufügen.

Gel Grundrezept 1

Dafür können Sie je nach Vorliebe entweder **Gelatine** (1-2 TL auf 125 ml Flüssigkeit) **oder Johannisbrotkernmehl** (0,1 g auf 125 g) verwenden. Guarkernmehl wäre in Verbindung mit Xanthan ein weiterer natürlicher Gelbildner. Die Einsatzkonzentration beträgt bis 1 %. Gelbildner am besten in **etwas Alkohol oder Glycerin** auflösen. Nicht in die Augen bringen! Bei allen pflanzlichen Verdickungsmitteln die Anweisung auf der Packung beachten!

Gel Grundrezept 2

80 ml Wasser, Kräuteraufguss oder Duftwasser, 20 ml kosmetisches Basiswasser (95 % vol. Alk.), **1,5 g Xanthan, 0,5 g Guarkernmehl, 15 Tr Lösungsvermittler** und **ätherische Öle** (nach Hauttyp) vermischen.

Gel-Maske auf Agar-Agar Basis

In einem Wasserbad **180 ml Hydrolat oder Kräuteraufguss** (nach Hauttyp) zusammen mit ¼ **TL Agar-Agar** auf 60 °C erwärmen, gut verrühren. Aus dem Wasserbad nehmen, etwas abkühlen lassen und warm auftragen. 10 bis 15 Minuten einwirken lassen, mit warmem Wasser abspülen.

Kamille-Hefe-Maske

1 EL Bierhefe und **3 EL Heilerde** vermischen, so viel **Kamillenaufguss** zufügen, bis eine für die Gesichtsmaske ansprechende Konsistenz erreicht ist. Auftragen, trocknen lassen und mit warmem Kamillentee oder Wasser abnehmen. Reinigt und heilt!

Avocado-Tomaten-Maske

1 reife Avocado zerdrücken (Kern aufheben: kann für Seife verarbeitet werden!), mit **etwas Tomatensaft, Karottensaft oder Honig** und **Wasser** sowie **1 Spritzer Limetten- oder Zitronensaft** zu einer Paste anrühren. Auftragen, Augen aussparen, bis zu 20 Minuten einwirken lassen.

„Bäckermaske"

2 EL Bio-Mehl, 2 EL Milch, 1 EL Honig und **einige Tr Mandelöl** zu einer Paste anrühren. Auftragen, Augen aussparen, bis zu 20 Minuten einwirken lassen.

Grundrezept für eine Cremegrundlage mit Lanolin zu 100 g
Fettphase: **5 g Bienenwachs, 15 g Lanolinum anhydricum, 40 ml Pflanzenöl** verrühren; dann Wasserphase zugeben: **40 ml destilliertes Wasser, 1-3 Tr ätherisches Öl**.

Grundrezept für eine Cremegrundlage mit Lanolin Nr. 2
Fettphase: **10 g Bienenwachs, 10 g Kakaobutter, 80 g Pflanzenöl, 20 g Lanolin** vermischen; dann Wasserphase zugeben: **60 ml destilliertes Wasser oder Hydrolat** nach Wahl, außerdem **4-8 Tr ätherisches Öl** (nach Hauttyp).

Grundrezept für eine Cremegrundlage ohne Lanolin zu ca. 114 g
Fettphase: **50 ml Pflanzenöl, 6 g Cethylalkohol, 8 g Bienenwachs** schmelzen. Wasserphase zugeben: **50 ml destilliertes Wasser**.

*Zu diesen Grundlagen können Sie **4-8 Tr ätherisches Öl** geben (nach Hauttyp) und/oder **2 g Honig**. Das destillierte Wasser kann nach Belieben mit einem Kräuterauszug oder einem Duftwasser ersetzt werden. Außerdem können Sie weitere Zusatzstoffe Ihrer Wahl einbringen.*

Grundsalbe auf Sheabutterbasis
60 ml Sheabutter schmelzen, **2 TL Speisestärke** zugeben, anschließend **36 g Pflanzenöl** (nach Hauttyp) einarbeiten. **20 Tr ätherisches Öl** (nach Hauttyp) und **10 Tr Vitamin E** unterrühren.

Obstcreme
Fettphase: **200 ml Pflanzenöl** (nach Hauttyp) mit **12 g Bienenwachs** und **5 g Lanolin** aufschmelzen. Für die Wasserphase **40 ml destilliertes Wasser, 200 g pürierte und passierte Früchte** oder auch nur deren Saft (nach Hauttyp) zugeben und so lange rühren, bis die Masse erstarrt.

Coldcreme (Sommercreme)
Fettphase: **je 30 g Mandelöl, Bienenwachs und Kakaobutter** vermischen. Für die Wasserphase **30 ml Rosenwasser** zugeben.

Sanddornsalbe

20 g Ghee mit 5 g Bienenwachs aufschmelzen. 1 g gereinigtes Baumharz und 2 g Sanddornöl zugeben und rühren, bis es erkaltet ist.

Karottencreme

Fettphase: 8 g Kakaobutter, 10 ml Mandelöl, 10 ml Traubenkernöl, 10 ml Jojobaöl, 10 g Lanolin und 5 g Bienenwachs schmelzen. Als Wasserphase 20 ml Hydrolat oder 20 ml destilliertes Wasser, 1½ EL Karottensaft und 3 Tr ätherisches Öl (nach Hauttyp) zugeben.

Honig-Blüten-Heilsalbe

In 100 ml kochendes Wasser 15 g Ringelblumenblüten, 5 g Johanniskrautblüten, 10 g Kamillenblüten und 10 g Rosenblüten geben und ausziehen lassen. Abseihen, Pflanzen auspressen, filtrieren. Mit 3 TL Blütenhonig glatt rühren. 30 g Bienenwachs im Wasserbad schmelzen, mit 10 ml Weizenkeimöl, 30 ml Mandelöl und 50 ml Olivenöl vermischen. In das Öl nun das Blütenwasser nach und nach einrühren, bis die Creme erstarrt.

Pflege für normale Haut

Reinigungsmilch

1 TL Molkepulver mit etwas warmen Wasser mischen, 1 Tr Olivenöl dazu und auftragen. Mit warmem Wasser abnehmen.

Reinigungsmilch Nr. 2

20 ml Öl erwärmen und mit 5 g geschmolzenen Tegomuls mischen, dann 70 ml Hydrolat dazu geben.

Reinigungsöl

60 ml Jojobaöl und 20 ml Wildrosenöl mit 1 Tr Kamillenöl vermischen. Mit Pad sanft auftragen und abnehmen.

Gel

125 ml Rosenwasser mit 0,1 g Johannisbrotkernmehl so lange verrühren, bis die Masse gelig ist. 1 TL Jojobaöl und 2 Tr Kamillenöl zugeben.

Hafermehlmaske

1 EL Hafermehl mit etwas Milch zu einem Brei anrühren, ein wenig Meersalz hinzugeben. Nach 10 Minuten mit lauwarmem Wasser abnehmen. Um die Maske ein wenig gehaltvoller zu machen, 1 Schuss Zitronensaft, Orangensaft oder Pflanzenöl (nach Hauttyp) hinzufügen. Das Hafermehl kann auch mit Gurkenwasser und etwas Honig angerührt werden. 20 Minuten einwirken lassen.

Karottenmaske

1 Karotte fein reiben, mit etwas Pflanzenöl, Quark und ein wenig Honig zu einer Maske verarbeiten, auftragen, 20 Minuten einwirken lassen.

Hefemaske

1 Würfel Bäckerhefe mit Milch zu einer dicken Maske verarbeiten, etwas staubfeines Meersalz dazugeben, gut umrühren und auftragen.

Gesichtsöl Nr. 1

5 ml Haselnussöl, 10 ml Jojobaöl und 25 ml Wildrosenöl vermischen.

Gesichtsöl Nr. 2

30 ml Raps- oder Olivenöl, 5 Tr Rosenöl und 1 Tr Lavendelöl vermischen.

> **MEIN PERSÖNLICHER TIPP**
>
> *Gesichtsöle sind einfach herzustellen. Am besten mischen Sie die Öle in einer Pipettenflasche. Vor der Anwendung einmal kräftig schütteln. Mit der Pipette kann dann eine kleine Menge entnommen und sanft einmassiert werden. Die Öle, die in Tropfen dosiert werden, sind ätherische Öle, keine Parfümöle!*

Rohrzucker-Peeling

20 g Kokosfett oder Sheabutter mit 10 g Bienenwachs schmelzen, etwas abkühlen lassen. Nun 20 ml Pflanzenöl (nach Hauttyp) und 5 g Bienenhonig einarbeiten. Bevor die Masse erstarrt, nun 40 g Rohrzucker und 10 Tr ätherisches Vanille-Öl hinzugeben. Für die Abstimmung nach Ihren Bedürfnissen können Sie noch 8 Tr anderer ätherischer Öle zugeben. In eine Kunststoffkruke einfüllen und unter der Dusche anwenden (Vorsicht: Rutschgefahr!), ein paar Minuten vor dem Abspülen einwirken lassen.

Pflege für trockene Haut

Rosenreinigungsmilch
55 g süße Mandeln und 8 g bittere Mandeln fein reiben. Nun 8 g Biovaseline und 6 g Bienenwachs zugeben, ins Wasserbad stellen und verreiben. Aus dem Wasserbad heben, 150 ml Rosenwasser und anschließend 100 ml destilliertes Wasser einrühren. 1 Tag stehen lassen, filtrieren, Mandeln auspressen. Auf 200 ml Flüssigkeit rechnen Sie ca. 4-5 g Coco-Glukosid. Dieses dazugeben und ganz vorsichtig unterheben. Auch für normale Haut geeignet!

MEIN PERSÖNLICHER TIPP

Rosenwasser gehört zu den ältesten bekannten Gesichtswässern überhaupt. Es tut jeder Haut gut und den Duft mögen eigentlich alle. Echtes Rosenwasser bekommen Sie in der Apotheke. Wenn Sie eine Essenz haben, geben Sie auf 2 Liter Wasser 1 Esslöffel Essenz und verschütteln das Ganze ordentlich.
Sie können Rosenwasser aber auch selbst herstellen: 3 bis 4 Handvoll stark duftende Rosenblätter (grüne und weiße Enden abschneiden!) in ein weites Gefäß (mit Deckel) legen, 1 Liter Wasser und 500 Gramm Zucker darauf geben. Es entsteht eine Art Sirup, das Rosenwasser wird durch den Zuckergehalt konserviert. Gefäß verschließen, kräftig schütteln und 1 Tag an einem warmen Ort stehen lassen (Fensterbank). Dann Flüssigkeit filtrieren und erneut 4 Handvoll Rosenblätter hinzufügen, erneut verschließen, ordentlich schütteln und 1 Tag stehen lassen. Danach die Flüssigkeit filtrieren und auf eine Flasche ziehen.
Etikett mit Datum der Herstellung und Inhalt nicht vergessen (das gilt für alle selbst hergestellten Kosmetikprodukte!). Das selbst gemachte Rosenwasser kann nicht nur in selbst gemachte Cremes und Lotionen eingearbeitet werden, sondern ist auch ein prima Mitbringsel.

Lavendel-Reinigungsmilch
Fettphase: 20 ml Sonnenblumenöl oder Aprikosenkernöl, 20 g Cetylalkohol und 20 g Tegomuls vermischen. Dann die Wasserphase zugeben: 150 ml Lavendelwasser und 15 Tr Alpha-Bisabolol.

Reinigungsmilch
20 ml Öl (für trockene Haut – s. S. 19) erwärmen und mit 5 g geschmolzenen Tegomuls mischen, dann 70 ml Hydrolat dazugeben.

Reinigungsmilch Nr. 2

10 g Bienenwachs mit 12 g Lanolin, 10 g Kakaobutter und 60 ml Mandelöl schmelzen, vom Herd nehmen. 35 ml Ringelblumenauszug und 20 g Avocadoöl hineingeben. Anschließend noch 50 ml Lavendelwasser unterrühren und so lange weiterrühren, bis das Ganze gut vermischt ist.

Reinigungsöl

60 ml Jojobaöl und 20 ml Wildrosenöl mit 1 Tr ätherischem Kamillenöl vermischen. Mit Pad sanft auftragen und abnehmen.

Gesichtswasser mit Hamamelis

50 ml Hamameliswasser, 1 ml Aloe Vera 10fach und 1 ml Ringelblumenextrakt vermischen.

Kamillenessigwasser

1 Handvoll Kamilleblüten mit 100 ml kochendem Wasser übergießen und ausziehen lassen. Abseihen, ausdrücken. Mit 100 ml Apfelessig vermischen und 1 Tr Rosenholzöl zugeben.

Gesichtswasser mit Aloe Vera

70 ml destilliertes Wasser, 3 ml Glycerin, 10 ml Rosenwasser und 10 ml kosmetisches Basiswasser vermischen. Dann 10 ml Aloe Vera-Gel, 1 Tr ätherisches Kamillenöl und 1 Tr ätherisches Rosenholzöl zugeben.

Gel

125 ml Rotkleeblüten-Gänseblümchenaufguss (beim Klee nur die roten Blüten nehmen, alles Grüne entfernen) mit 0,1 g Johannisbrotkernmehl so lange verrühren, bis die Masse gelig ist. 1 TL Jojobaöl dazugeben. Das Gel kann mit ätherischen Ölen aufgewertet werden, z. B. mit 3 Tr Kamillenöl und 2 Tr Lavendelöl, mit 2 Tr Orangenblütenöl und 2 Tr Geranienöl oder mit 6 Tr Sandelholzöl.

MEIN PERSÖNLICHER TIPP

Trockene Haut freut sich immer über pur aufgetragenes Aloe Vera-Gel!

Maske „Banana-Dream"

1 reife Banane (die keiner mehr mag) zerdrücken, 1 Spritzer Limettensaft, etwas Honig, 2 Tr Rosenöl oder Kamillenöl. Wer möchte, kann noch 1 EL Weizenkeim- oder Mandelöl zufügen. Wenn die Haut nicht ganz so „hungrig" ist, statt der Öle Naturjoghurt verwenden.

Einfache Honigmaske

2 EL Sahne mit 1 EL Honig vermischen. 2 EL Kamillenwasser und so viel Bio-Weizenmehl unterrühren, bis eine schöne weiche Maske entstanden ist.

Maske mit Heilerde

1 TL Heilerde mit starkem Kamillenblütenaufguss warm anrühren, einige Tr Avocado- oder Traubenkernöl hinzufügen. Auftragen und so lange einwirken lassen, bis alles eingetrocknet ist. Mit lauwarmem Wasser oder Kräuteraufguss abnehmen.

MEIN PERSÖNLICHER TIPP

Masken immer bei Bedarf frisch herstellen. Hierzu können Gemüse- und Obstvorräte zu Hause geplündert werden.
Eine ganz einfache, aber wirkungsvolle Maske besteht aus Joghurt und Gurke: 1 Gurke mit dem Mixer zu Mus verarbeiten, 1 Spritzer Zitrone und ein wenig Joghurt hinzufügen. Die Masse dann am besten auf ein angefeuchtetes Mulltuch geben und auf das Gesicht legen.

In alle Masken mit Gemüsesaft können Sie auch ein aufgeschlagenes Eiweiß rühren. In Eiweißmasken kann man ätherische Öle hineingeben (je nach Hauttyp, s. S. 19). Bei großporiger Haut kann in die Masken und Packungen etwas Kieselsäure eingearbeitet werden.

Der Vorteil von Masken: Sie sind schnell angerührt und können auf Ihre aktuellen Bedürfnisse und Ihren Hauttyp abgestimmt werden. Seien Sie ruhig kreativ! Die Einwirkzeit jeder Maske sollte 10 bis 20 Minuten betragen.

Gesichtsöl Nr. 1

Schale von 1 Bio-Orange und 1 Bio-Limette (in feinen Streifen) in 30 ml Jojobaöl und 40 ml Distelöl einlegen. 2 Tage ausziehen lassen, filtrieren und mit 1 Tr ätherischem Orangenöl verschütteln.

Gesichtsöl Nr. 2

60 ml Pflanzenöl (z. B. 30 ml Avocadoöl, 15 ml Mandelöl, 15 ml Wildrosenöl) auswählen. Mit 2 Tr Kamillenöl, 1 Tr Orangenblütenöl, 2 Tr Geranienöl und 2 Tr Sandelholzöl gut verschütteln.

Weizenkleie-Peeling

100 g Weizenkleie und 100 g Haferflocken in Joghurt einrühren, dazu 1-2 EL Aufguss von Malve, Kamille oder Schafgarbe zufügen und rühren, bis eine breiartige Konsistenz entsteht. **Achtung:** es quillt noch auf. Für Gesicht und Körper.

Mandel-Peeling

20 g Mandeln fein mahlen, 1 TL Honig und so viel Sahne zufügen, bis die Masse breiig ist.

Aprikosenkernöl-Ziegenmilch-Creme

5 ml Aprikosenkernöl mit 10 ml Ziegenmilch oder Sahne vermischen, 1 Bio-Eigelb mit 1 Prise Backpulver unterschlagen, 5 g Honig und 5 ml Apfelessig einrühren, zum Schluss 1 Tr ätherisches Sandelholzöl einarbeiten.

Schutzsalbe

125 ml Sonnenblumenöl, 12 g Kakaobutter, 5 g Mandelbutter und 10 g Bienenwachs zusammen erwärmen und bis zum Erkalten rühren.

Nachtcreme

Fettphase: 14 g Lanolin, 12 g Bienenwachs, 8 g Cethylalkohol, 15 g Mandelöl, 5 g Ringelblütenmazerat schmelzen. Nun 5 g Weizenkeimöl dazugeben und in die Wasserphase aus 45 ml Kamillenwasser einrühren.

Pflege für fettfeuchte Haut

Reinigungspulver – ohne Schaum
4 g Natron, 4 g Hafermehl und 1 Msp. fein gemahlene Orangen-, Zitronen- oder Limettenschale vermischen. Gesicht mit Wasser anfeuchten, dann das Pulver einreiben und mit warmem Wasser abspülen.

Waschcreme mit Apfelessig
1 Eigelb schaumig schlagen, dazu 1 EL Apfelessig geben. Dann langsam 2 EL Mandelöl, später 2 EL Distelöl (oder insgesamt 4 EL Kräuteröl) unter ständigem Rühren zu einer glatten Creme schlagen. Noch 1 TL Mandel- oder Haferkleie nach Bedarf untermischen. Auf das Gesicht auftragen, kurz einwirken lassen und mit lauwarmem Wasser abnehmen.

Kamillenwasser-Waschgel
0,5 g Guarkernmehl und 1 Msp. Xanthan in 2 ml Kamillan auflösen. In 60 ml destilliertes Wasser geben und fleißig rühren. 2 g Coco-Glukosid einrühren, danach noch 5 Tr Pfefferminzöl und 3 Tr Teebaumöl.

Reinigungsmilch
200 ml Milch mit je 4 EL Pfefferminze und Petersilie über Nacht ausziehen lassen. Abseihen. Kühl lagern.

Honig-Reinigungsmilch
1 TL Honig mit 1 TL Molkepulver und so viel Apfelessig vermischen, bis die Masse eine milchige Konsistenz hat. Mit kreisförmigen Aufwärtsbewegungen einmassieren und mit lauwarmem Wasser abspülen.

Fenchel-Minze-Buttermilch zur Reinigung
100 ml Buttermilch erhitzen, 3 EL Fenchelsamen und 1 EL Pfefferminze im Mörser zerstoßen und hineingeben. Nun 4 Stunden ausziehen lassen, in eine dunkle Flasche geben und im Kühlschrank aufbewahren.

Elisabeth-Gesichtswasser
Rezept der Landgräfin Elisabeth von Thüringen aus dem 13. Jahrhundert, das bis heute nichts von seiner Wirksamkeit verloren hat!
20 g Rosmarin, abgeriebene Schale von ½ Zitrone und ¼ Orange aus Bioanbau, dazu 4 Stängel Pfefferminze, 125 ml Alkohol oder Hamameliswasser und 250 ml Rosenwasser in ein verschließbares Gefäß geben. 48 Stunden ziehen lassen, aber nicht umrühren. Dann filtrieren und in eine dunkle Flasche füllen.

Zitrone-Pfefferminz-Wasser
Saft von 2 Zitronen und 1 Limette, 1 kleines Bündel Pfefferminze, 80 ml Wasser oder Hydrolat (nach Hauttyp) in ein Behältnis füllen und verschließen, schütteln, einige Tage stehen lassen. Dann filtrieren und, berechnet auf die Gesamtmenge, noch 5 % reinen Alkohol zugeben.
Dieses Wasser ist ausgezeichnet für die Pflege fettiger Haut geeignet, da es austrocknend wirkt.

Hamameliswasser
100 ml Hamameliswasser, 10 ml Aloe Vera 10fach und 10 ml Glycerin vermischen und d-Phantenol bis zu 5 % der Gesamtmenge zugeben.

Gesichtsgel
125 ml Rosmarin-Schachtelhalm-Aufguss mit 0,1 g Johannisbrotkernmehl andicken. Außerdem folgende ätherische Öle einrühren: 1 Tr Zypressenöl, 1 Tr Sandelholzöl, 1 Tr Ylang-Ylang-Öl oder Pfefferminzöl, 2 Tr Thymianöl.

Hafer-und-Gurke-Maske
1 EL Haferkleie und 2 EL Gurkenmus sowie etwas Honig vermischen. Mit lauwarmem Wasser oder Kräuteraufguss abnehmen.

Tonic aus Gartentomaten
2 oder 3 frische Tomaten waschen, grünen Strunk und Kerne entfernen, entsaften. Den Saft mit 2 Tr ätherischem Pfefferminzöl und etwas Guarkernmehl verrühren, bis das Tonic etwas dicker ist. Im Kühlschrank aufbewahren.

Rosenkuss
100 ml Rosenwasser mit 60 ml Hamameliswasser, 3 g Meersalz und 30 ml Kräuteraufguss vermischen. Das Meersalz muss sich vollständig auflösen.

Heilerde-Maske Nr. 1
1 EL Kartoffelstärke mit 1 EL weißer Heilerde mit Gänseblümchenaufguss anrühren, 1 Tr ätherisches Minze- oder Salbeiöl unterrühren. Mit lauwarmem Wasser oder Kräuteraufguss abnehmen.

Heilerde-Maske Nr. 2

3 EL grüne Heilerde mit heißem, frischem Aufguss von Pfefferminze und Salbei vermischen, zusätzlich 1 Tr ätherisches Teebaumöl untermischen. Mit lauwarmem Wasser oder Kräuteraufguss abnehmen.

Aloe-Vera-Maske

60 ml Aloe-Vera-Gel mit 1 EL starkem Salbeitee und 1 Tr ätherischem Minzeöl mischen. Mit lauwarmem Wasser oder Kräuteraufguss abnehmen.

Löwenzahnmaske

Ein kleines Sträußchen frische Löwenzahnblätter fein wiegen, mit 2 EL Quark vermischen und auftragen.

Gesichtsöl Nr. 1

In 60 ml Pflanzenöl (nach Hauttyp) 20 Tr Lavendelöl und 5 Tr Geranienöl (alternativ: 10 Tr Salbeiöl, 5 Tr Zypressenöl und 5 Tr Kamillenöl) geben und verschütteln.

Gesichtsöl Nr. 2

25 ml Wildrosenöl, 1 Tr Zypressenöl, 1 Tr Sandelholzöl, 1 Tr Ylang-Ylang-Öl und 7 Tr Thymianöl gut verschütteln.

Peeling mit Heilerde

Je 3 Teile Weinstein-Backpulver und weiße Heilerde vermischen. Dann noch 1 EL frisch geriebenen Ingwer hinzugeben. Nur für den Körper!

Joghurt-Honig-Creme

30 g Joghurt mit 1 Eigelb und 10 g süße Sahne verschlagen, nun je 5 ml Apfelessig und frischen Tomatensaft hinzufügen. 1 Tr ätherisches Kamillenöl und 2 Tr Propolistinktur in 5 g Honig auflösen und in die Creme geben. Gut verrühren und in eine Kruke füllen. Wenn die Creme zu sehr austrocknet, etwas mehr Sahne zugeben, ist sie zu fettig, etwas mehr Joghurt.

Nachtcreme

Fettphase: **30 g Adeps Lanae anhydricum, 4 g Bienenwachs, 15 g Aprikosenkernöl** und **5 g Weizenkeimöl** vermischen, **5 g Cethylalkohol** zugeben. Mit der Wasserphase verrühren: **30 ml destilliertes Wasser, 10 ml Lavendelwasser, 4 Tr Rosenöl.**

„Mandelchen"-Creme

40 g reinen Bienenwachs mit **40 ml Mandelöl-Petersilien- oder Minzemazerat** schmelzen. **1 Msp. Alaunpulver** mit **10 ml Rosenwasser oder Hamameliswasser** mit **4 Tr ätherischem Benzoeöl** und **4 Tr ätherischem Orangenöl** sowie **8 Tr Myrrhetinktur** mischen und in die Creme einarbeiten.

Pflege für reife Haut

Reinigungsmilch

Den Saft von **1 Salatgurke, 60 ml Rosenwasser, 20 ml Lavendelwasser, 40 ml Glycerin** sowie **30 ml Weingeist** verschütteln. In eine dunkle Flasche geben und im Kühlschrank aufbewahren.

Reinigungsöl

50 ml Kräuterölauszug mit **2 Tr ätherischen Öl** (und ggf. **5 g Lecithin**) mischen. Gut schütteln, auf ein Kosmetikpad geben und mit sanft kreisenden Bewegungen das Gesicht reinigen.

Honig-Reinigungsmilch

150 ml Milch auf 40 °C erwärmen, dann **1 TL Biohonig** darin auflösen. **3 EL Rosenwasser** dazugeben, etwas Lecithinpulver oder **1 Eigelb** (vom glücklichen Huhn) einarbeiten. Wer mag, fügt noch **1 Tr ätherisches Öl** (nach Hauttyp und Vorliebe) hinzu.

Honig-Blüten-Wasser

100 ml Rosenwasser oder ein anderes **Hydrolat** mit **15 Tr Kamillenblütentinktur** vermischen, darin **1 TL Bio-Honig** auflösen.

Beinwell-Gel

2 EL gehackte **Beinwellwurzel** mit **¼ Liter kaltem Wasser** ansetzen, aufkochen und 10 Minuten sieden lassen. Abseihen, abwiegen und mit **Johannesbrotkernmehl** eindicken. Dann noch **2 Tr Rosenöl** und **2 Tr Weihrauchöl** untermischen.

Früchte- & Beinwell-Maske

50 g Apfel und 50 g Himbeeren im Mixer pürieren, dann 20 ml wässrigen Beinwellauszug, 10 g Honig und 10 g Haferkleie (oder Mandelkleie) zu einer Maske anrühren, 1 Eigelb unterschlagen.

Sonnenmaske

50 g Sonnenblumenkerne im Standmixer ganz fein hacken. 1 EL Sonnenblumenöl ganz sanft erwärmen auf etwa 30 °C, in ein kleines Glas geben und darin ½ TL Honig auflösen. Die gemahlenen Kerne einrühren, tröpfchenweise 1 TL Lavendelwasser einrühren. Diese Maske 30 Minuten einwirken lassen. Hilft auch bei Pickelchen!

Zitronenmaske

1 Eiweiß sehr steif schlagen, 1 TL Zitronensaft, abgeriebene Schale von 1 Bio-Zitrone mit Mandelkleie anrühren, bis eine feste und aufstreichbare Masse entsteht. Nach 10 Minuten eine Kompresse (feuchtes Tuch) mit lauwarmen Wasser auf die Maske auflegen, dann alles abnehmen.

Anti-Falten-Maske

1 TL Kürbiskernöl mit 3-4 EL trockenem Quark anrühren, ½ TL Honig dazugeben.

Gesichtsöl Nr. 1

50 ml Mandelöl, 50 ml Sesamöl, 20 ml Rapsöl, 10 ml Weizenkeimöl, 10 Tr Lavendelöl, 4 Tr Rosenöl, 10 Tr Weihrauchöl gut verschütteln.

Gesichtsöl Nr. 2

60 ml Pflanzenöl nach Hauttyp auswählen. 1 Tr Geranienöl, 2 Tr Lavendelöl und 1 Tr Patschuli-Öl hineingeben und gut verschütteln.

Joghurt-Peeling

50 g Naturjoghurt mit 1 TL Rosenknospenaufguss (oder Aufguss vom schwarzem Tee) und 20 g frisch gemahlenem Reismehl gut verrühren.

Pfirsich-Cremchen

30 ml Mandelöl, 5 ml Olivenöl, 5 ml Weizenkeimöl und 3 g Bienenwachs schmelzen, dann 10 ml Pfirsichsaft einarbeiten.

Feuchtigkeitscreme

Fettphase: 25 g Mandelöl mit 5 g Bienenwachs im Wasserbad erwärmen. Wenn es geschmolzen ist, die Wasserphase aus 25 ml Aloe-Vera-Gel vermischt mit 25 ml Rosenwasser im dünnen Strahl zugeben. Morgens und abends anwenden.

Pflege für empfindliche, strapazierte oder kranke Haut

Reinigungsmilch bei Couperose

150 ml Mandelmilch auf 40 °C erwärmen, dann 1 Handvoll Mädesüßblüten hineingeben. Einige Tage stehen lassen, abseihen und filtrieren. Wer mag, fügt noch 1-3 Tr ätherisches Öl von Karottensamen, Immortelle oder Cistrosse hinzu.

Gesichtswasser für Couperose

Eine Tinktur aus Mädesüßblüten, Anis und Walderdbeerblättern ansetzen. Dann mit destilliertem Wasser ganz stark verdünnen. Dieses Gesichtswasser kann auch als Kompresse aufgelegt werden.

Erdbeermaske

Einige frische Erdbeeren zerdrücken, entweder mit 1 Eiweiß (bei eher fettiger Haut) oder mit 1 TL Mandelöl (bei eher trockener Haut) mischen. Auf ein sauberes Leinentuch geben und auf die Haut auflegen. Nach 10 Minuten mit Rosenwasser waschen.

Eine vom französischen „Kräuterpapst" Maurice Mességué empfohlene Rezeptur!

Waschgel – Grundrezept als Seifenersatz

80 g Betain und 2 g Xanthan gut verrühren, quellen lassen und in eine Flasche geben. Mit 100 ml Hydrolat oder Kräuteraufguss vermischen. 3-6 Tr ätherisches Öl passend zum Aufguss auswählen, zusammen mit 10-12 Tr Zitronensaft zugeben und ordentlich schütteln, ruhen lassen.

Kartoffelwasser
Wasser von gekochten Kartoffeln mit **1 Tr ätherischem Öl** (nach Hauttyp) mischen und auftragen, trocknen lassen. Wirkt beruhigend bei Juckreiz und Irritationen.

Gänseblümchen-Gel
125 ml filtrierten Gänseblümchenaufguss mit **0,1 g Johannisbrotkernmehl** verrühren, bis die Masse gelig ist. **1 TL Jojobaöl** dazugeben, dazu noch folgende ätherische Öle: **4 Tr Rosenöl, 2 Tr Kamillenöl** und **2 Tr Ylang-Ylang-Öl**.

Holunderblütenwasser
100 g frische Holunderblüten und **2 EL Kamillenwasser** im Standmixer zerkleinern. Dann **150 ml abgekochtes und auf 60 °C abgekühltes Wasser** übergießen. Über Nacht stehen lassen, abseihen, filtrieren, wiegen und mit **5 % Alkohol** konservieren.

Kamillenwasser
50 ml starken Kamillenaufguss mit **1 Tr ätherischem Kamillenöl** mischen.

Gesichtsöl Nr. 1
Ca. **je 10-15 Lavendelblüten und Rosenblüten** mit **60 ml Mandelöl** in einem Schraubglas ansetzen und 2 Wochen ausziehen lassen. Dann abseihen und **1-3 Tr ätherisches Weihrauchöl** zugeben.

Gesichtsöl bei Couperose
60 ml Pflanzenöl (nach Wahl) mit **10-18 Tr Salbeiöl** und **6-10 Tr Geranienöl** gut verschütteln.

Gesichtsöl Nr. 2
20 ml Johanniskrautölauszug, 2 Tr Rosenöl, 1 Tr Kamillenöl und **1 Tr Ylang-Ylang-Öl** gut verschütteln.

Weizenkleie-Peeling

100 g Weizenkleie und **100 g Haferflocken** in so viel **Buttermilch** einrühren, bis eine breiartige Konsistenz entsteht. **Achtung:** es quillt noch auf. Für Gesicht und Körper.

Aloe Vera & Kräuter (Peeling)

1 EL Aloe-Vera-Gel und **1 EL Kamillenaufguss oder Eschenblätteraufguss** in einem hohen Gefäß vermischen. Ein kleines **Stück Salatgurke** klein schneiden und mit dem Mixer zu Mus verarbeiten, **etwas Guarkernmehl** darüber stäuben und wieder mixen.

Aloe-Heilgel

5 ml Aloe-Vera-Gel mit **5 ml Rosenöl** und **1 Tr ätherischem Kamillenöl** vermischen.

Blumencremchen

Fettphase: **10 ml Mandelöl, 20 ml Olivenöl, 15 g Kakaobutter, 10 ml Avocadoöl** und **5 g Bienenwachs** im Wasserbad erwärmen. Dann für die Wasserphase **15 ml Rosenwasser, 10 ml Ringelblumenwasser, 10 ml Lavendelwasser** erwärmen und langsam einarbeiten. Kurz vor Ende noch **2 Tr Weizenkeimöl** unterrühren.

Reismehl & Sheabutter

5 g Vollkornreis ganz fein mahlen und durch ein feines Sieb geben. Mit **20 g Sheabutter** vermischen. Anschließend **10 ml Mandelöl** und **1 Tr ätherisches Rosenholzöl** einarbeiten. Diese Salbe als Make-up-Grundlage verwenden, vorher in den Händen etwas anwärmen.

HAAR-PFLEGE

Schönes, glänzendes, gesundes Haar ist ein sichtbares Zeichen für Gesundheit. Um das zu erreichen, ersannen die Menschen allerlei Mittelchen – manche davon haben sich bewährt und wurden von Generation zu Generation weitergegeben. Wie auch bei der Hautpflege können wir bei der Pflege der Kopfhaut und Haare auf die Kraft der Natur vertrauen. Was Ihr Haar braucht, müssen Sie selbst herausfinden, die nachfolgenden Übersichten werden Ihnen dabei helfen. Im Folgenden gebe ich Ihnen einige in meiner Familie sehr bewährte Rezepturen für Kurpackungen, Spülungen und Shampoos. Was davon für Sie geeignet ist, richtet sich nach Ihren Bedürfnissen, aber auch danach, welches Haar Sie haben.

MEIN PERSÖNLICHER TIPP

Wenn der Haarausfall extrem ist und länger anhält, sollten Sie unbedingt mit Ihrem Arzt reden.

Ich möchte Sie jedoch ausdrücklich ermutigen, auch zu experimentieren. Sollten Kopfhaut und/oder Haar auf ein erstes selbst hergestelltes Produkt störrisch reagieren, sagt das nichts über die Wirksamkeit oder Verträglichkeit aus. Rühren Sie vielleicht erst einmal kleinere Mengen an – das Haar muss sich an die veränderte Pflege gewöhnen.

In der Schwangerschaft, aber vor allem nach der Geburt kann es vermehrt zu Haarausfall kommen. Nach der Entbindung ist das im gewissen Rahmen normal. Der Körper muss sich wieder (hormonell) umstellen, schlaflose Nächte und Dauerbelastung fordern ebenso ihren Tribut. Eine richtige Haarpflege kommt häufig zu kurz, obwohl sie gerade jetzt sinnvoll und nötig wäre.
Gönnen Sie sich diese Zeit für Pflege – und versuchen Sie einige meiner Rezepturen, die schnell und ohne viel Aufwand herzustellen sind.

Welches Haar habe ich?

Um für sich selbst die richtigen Haarpflegesubstanzen zu finden, sollten Sie zunächst eine Art Bestandsaufnahme machen:

Zustand ☐ normal ☐ leicht fettig ☐ sehr fettig

behandelt ☐ gar nicht ☐ pflanzlich gefärbt ☐ chemisch gefärbt ☐ Dauerwelle ☐ blondiert

Haarstärke ☐ sehr fein ☐ fein ☐ mittel ☐ dick ☐ sehr dick

Struktur ☐ gepflegt & glänzend ☐ normal ☐ Spitzen brüchig ☐ Längen brüchig ☐ spröde und trocken ☐ hart ☐ Spliss

Kopfhaut ☐ gesund ☐ irritiert ☐ trocken ☐ Schuppen ☐ ölige Schuppen ☐ Beläge ☐ wund

Die richtige Haarwäsche und Reinigung

- Nehmen Sie nicht zu heißes oder zu kaltes Wasser, das würde die Kopfhaut nur unnötig schocken.
- Machen Sie das Haar ordentlich nass, waschen Sie es vorsichtig, nicht ziehen und zerren.
- Eine kleine Menge Shampoo oder Seife in der Hand aufschäumen, dann kommt das Waschmittel nicht unverdünnt auf die Kopfhaut, die Gefahr einer Reizung ist damit gemindert.
- Schäumen Sie Ihr Haar gründlich ein, bei langem Haar nur die Ansätze.
- Spülen Sie immer mit genügend warmem Wasser nach, im besten

Falle anschließend mit einer sauren Spülung: das verschließt das Haar, indem es die Schuppenschicht wieder anlegt, die sich durch das warme Wasser geöffnet hat. Ideal geht dies mit warmem Wasser, dem ein Schuss Apfelessig zugesetzt wurde. Das Haar nach dem Waschen sanft ausdrücken und in ein großes Handtuch einwickeln.
- Wann immer es geht, das Haar an der Luft trocknen lassen.
- Natürlich können Sie auch föhnen. Dabei aber unbedingt darauf achten, dass der Luftstrom nicht zu heiß und nicht zu nah am Kopf und Haar ist.

Rezeptur: Grundreinigung bei Umstieg auf Naturprodukte

Bevor Sie auf selbst hergestellte Naturprodukte umsteigen, ist eine Grundreinigung der Haare wichtig, um wirklich alle Rückstände aus dem Haar zu bekommen. Dafür gibt es eine einfache und sehr wirkungsvolle Rezeptur (mit der sich übrigens auch schon Kaiserin Sisi ihre legendäre Haarpracht gepflegt hat):

Grundrezept / Ei-Honig-Shampoo

1 Bio-Ei und **1 Bio-Eigelb** gut verschlagen (den „Hahnentritt" und die Haut vom Dotter vorher entfernen), **1 EL Bio-Honig** einrühren. Dann den **Saft von 1 Bio-Zitrone** dazugeben und gut verrühren. Wer mag, kann noch **1-2 Tr ätherisches Öl** (nach Vorliebe und Bedürfnisen) zugeben, das pflegt extra und duftet besser.

Der Honig pflegt das Haar (zu viel wirkt jedoch austrocknend), zudem nimmt er dem Zitronensaft etwas Säure. Eigelb ist ein natürlicher Emulgator (er bindet Fett mit Wasser). Das Eiweiß enthält Proteine, die sich im Haar kurzzeitig anlagern können und unterbindet so eventuell eine Schädigung. Der Zitronensaft macht das Gemisch sauer und schützt auf diese Weise das Haar.

Natronwäsche

Eine gute Alternative: **1 EL Natron** (Bullrichsalz, Backsoda, Speisenatron, Kaisernatron – KEIN Ätznatron!) auf **½ l warmes (kein heißes!) Wasser** geben und verrühren, bis es sich auflöst. Auf die angefeuchteten Haare geben, 10 Minuten einwirken lassen und ausspülen. Ins letzte Spülwasser **1 EL Zitronensaft** geben.

Achtung: *Das ist eine stark basische Mischung, die Kopfhaut und das Haar strapazieren könnte – also vorsichtig rantasten.*

MEIN PERSÖNLICHER TIPP

Bei sehr trockenem Haar maximal 1 TL Mandelöl zugeben (nicht mehr!). Haar anfeuchten und Mischung auf die Haare geben, ca. 5 bis 10 Minuten einwirken lassen. Mit viel lauwarmem (nicht heißem!) Wasser auswaschen. Immer weiter spülen und die Temperatur langsam verändern, bis das Wasser ganz kalt ist.

Grundlagen für die Haarpflege

Rezepturen für Basisshampoos

Die nachfolgenden Rezepturen sind Basisshampoos, in die Sie je nach Haartyp und –bedürfnissen weitere Pflegesubstanzen und Kräuter einarbeiten können (siehe nachfolgende Übersichten). Beachten Sie in jedem Falle die Hinweise und Einsatzkonzentrationen bei den gekauften Ölen und Extrakten.

Grundrezepturen Basisshampoo
50 ml Hydrolat oder destilliertes Wasser oder Kräuteraufguss mit **50 ml Schmierseife** gut vermischen, in eine ausgediente Shampooflasche füllen.

Dazu nach Haarzustand folgendes zufügen:

HAARZUSTAND		
	normal	½ TL Jojobaöl, ½ TL Mandelöl, 8 Tr ätherisches Zitronenöl, ¼ TL ätherisches Zitronenöl
	trocken	50 ml Aloe Vera Gel, 1 TL Glycerin, ¼ TL Jojobaöl
	fettig	2 TL Jojobaöl, 4 Tr ätherisches Pfefferminzöl, 4 Tr ätherisches Teebaumöl
	Babyhaar/-kopfhaut	50 ml Kamillenaufguss, 1 TL Glycerin
	schuppig	½ TL Jojobaöl, 1 EL Apfelessig, 1 EL Limettensaft, 2 Msp. Nelkenpulver oder 6 Tr ätherisches Teebaumöl und 4 Tr Rosmarinöl

Haarpflegesubstanzen

Birkenextrakt	konzentrierter Auszug aus Birkenblättern, desinfizierend, tonisierend, gegen Schuppen, in allen Haarpflegeprodukten
Brennnesselextrakt	konzentrierter Auszug aus Brennnesselblättern, desinfizierend, tonisierend, gegen Schuppen, in allen Haarpflegeprodukten
Klettenwurzelextrakt	belebt die Kopfhaut, wirkt kräftigend auf den Haarboden, soll den Haarwuchs fördern, in allen Haarpflegeprodukten; Einsatzmenge 3-5 %
Pirocton Olamin	hautverträgliche Anti-Schuppen-Substanz, gegen trockene und fettige Schuppen; Einsatzmenge 1 % in Shampoos
Keratin 20 %	Zusatzstoff für Shampoos und Haarwässer, macht das Haar fülliger
Plantessenz HT	wässrig-alkoholischer Extrakt aus Fenchel, Hopfen, Kamille, Zitronenmelisse, Mistel und Schafgarbe
Seidenprotein (Silkprotein) HT	für seidenweiches Haar; Einsatzkonzentration: 1-5 %
Walnussextrakt	Pflanzenextrakt, Einsatz in Naturtönungen (dunkel), Shampoos und Haarspülungen; Einsatzmenge 5-25 %
Weizenquat HT pflanzlich (Haarquat)	verbessert Kämmbarkeit und Glanz der Haare, glättet die Haaroberfläche, verhindert extremes Austrocknen, in allen Haarpflegemitteln; Einsatzmenge 0,5-1 %.

Kräuter

jedes Haar	Birke, Kamille, Schachtelhalm, Spitzwegerich, Zitrone
blondes Haar	Kamille (macht das Haar glänzend und duftig), Königskerze, Schafgarbe (bei fettigen Schuppen, verhindert schnelles Nachfetten), Zitrone
dunkles Haar	Brennnessel, Beinwell (bei entzündlichen Prozessen auf der Kopfhaut), Eberraute, Kleeblüten, Rosmarin, Salbei
feines Haar	Linde, Kamille, Rose
trockenes Haar	Geheimtipp: Gänseschmalz!; Henna, neutral ohne Farbstoff, Kamille (nur für blondes Haar), Linde (gut für blondes Haar), Löwenzahn, Rhabarber, Zitrone, Zitronenmelisse

fettiges Haar	Brennnessel, Birke, Eibisch (nicht für blondes Haar), Erle, Hamamelis, Huflattich (nicht für blondes Haar), Lavendel, Linde, Löwenzahn, Orange, Petersilie, Rosmarin, Salbei, Schafgarbe, Thymian, Weide, Zitrone
empfindliches Haar	Hamamelis, Kamille (nur für blondes Haar), Lavendel, Stiefmütterchen
Schuppen	Brennnessel, Buchsbaum, Ginster, Heublumenspülung (nicht für blondes Haar), Holunderblüten, Huflattich, Klette, Klettlabkraut, Minze, Petersilie, Pfefferminze, Quecke, Quitte (Haarfestiger), Rosmarin, Schafgarbe, Sellerie, Schöllkraut (nicht für blondes Haar), Thymian, Weide, Zitrone
Spliss	Brennnessel (Haaröl), Klettenwurzel, Zitrone
Haarausfall	Brennnessel, Brunnenkresse, Buchsbaum, Eberraute, Kapuzinerkresse, Katzenminze, Lindenblüte
Haarwachstum	Brennnessel, Ringelblume, Thymian, Weide
juckende Kopfhaut	Pfefferminze, Salbei, Zitrone

Rezepturen

Pflege für alle Haartypen

Basisshampoo mit Betain

200 ml Wasser mit **60 ml Betain HT** ganz vorsichtig mischen. In **1 TL Glycerin ½ TL Xanthan** auflösen, unter gleichmäßigem Rühren in das Wasser-Betain-Gemisch einarbeiten. Bis zu **10 ml Pflanzentinktur** einarbeiten. Nun noch **10 Tr Zitronensaftkonzentrat** unterrühren. Das Shampoo ca. 5 Stunden ruhen lassen, in eine ausgediente saubere Shampooflasche füllen. Kühl aufbewahren oder konservieren.

Als Grundlage für das Shampoo können Sie statt Wasser einen Aufguss aus Kräutern oder duftenden Blüten benutzen, welcher vor der Einarbeitung filtriert werden sollte. Wählen Sie Kräuter nach Haar- und Hauttyp aus. Sie können auch einen Teil des Wassers mit Aloe-Vera-Saft ersetzten. Einige Tropfen Pflanzenöl im Shampoo wirken wahre Wunder auf die Kämmbarkeit, aber bitte nicht zu viel.

Iris-Trockenshampoo

50 g Pfeilwurz, 50 g Iriswurzel und 1 EL Natron pulverisieren, gut vermischen und in ein gut schließendes Glas geben.

Rum-Ei-Shampoomousse

2 Eigelb von Bio-Eiern (fein säuberlich vom Eiweiß getrennt und ohne Haut um das Dotter) mit einem kleinen

Milchaufschäumer aufquirlen. 60 ml Rum zufügen, fleißig weiter mixen. 10 ml Limettensaft (und bei fettigem Haar 30 ml Wasser sowie ¼ TL flüssigen Bio-Honig) einmischen und mit 2 Tr ätherischem Öl nach Wahl und 2 Tr Olivenöl zur Mousse aufschlagen. Haare mit handwarmen Wasser nass machen, ausdrücken, Mousse auftragen und den Kopf mit einer alten Duschhaube abdecken (oder Frischhaltefolie nehmen). 10 Minuten warten und dann mit reichlich lauwarmem Wasser auswaschen. Abschließend mit Essigwasser nachspülen.

Alternative: *Als „Blitzkur" Eigelb nur mit Rum vermischen, alle anderen Zutaten weglassen. Geeignet für alle Haartypen, bei fettigem Haar mit Wasser verdünnen.*

Wascherde

Wahrscheinlich am wenigsten bekannt: Wascherde bzw. Lavaerde zur Haarpflege. Es gibt verschiedene Erden, vielleicht kaufen Sie erst einmal eine kleine Menge, um die Wirkung zu testen.

1-2 EL Wascherde (für halblanges Haar) mit Wasser mischen, bis es so dick wie ungeschlagene Sahne ist. Wascherde quillt ein bisschen auf.

In 1 l lauwarmes Wasser 1 EL Apfelessig oder Zitronensaft hinzugeben, ggf. noch 4 Tr ätherisches Öl (je nach Haarzustand oder einfach für den Duft). Beugen Sie sich über die Badewanne

und verteilen Sie die Wascherde auf dem Kopf. Maximal 5 Minuten einwirken lassen (am Anfang ist eine kürzere Zeit besser). Dann spülen Sie mit dem lauwarmem Apfelessig-/Zitronensaft-Wasser die Erde aus dem Haar. Haar ausdrücken und in ein Handtuch einschlagen.

Shampoos auf Pflanzenbasis (für alle Haartypen)

Waschnuss-Shampoo

8-10 Waschnuss-Schalen mit 1 l kochendem Wasser übergießen und 1 EL Apfelessig dazugeben. Über Nacht stehen lassen. Dann filtrieren, auf Körpertemperatur erwärmen und 1-2 Tr ätherisches Rosen- oder Geranienöl (für den Duft) dazugeben. Lange Haare zuerst in den Sud tunken, ansonsten alles über den Kopf geben und gleichmäßig im Haar verteilen. 1 bis 2 Minuten einwirken lassen, dann mit viel klarem Wasser abspülen.

Waschnuss macht das Haar griffiger und wirkt außerdem gegen Schuppen.

MEIN PERSÖNLICHER TIPP

Gefäß unterstellen, das Shampoowasser auffangen und so mehrfach über das Haar geben. Und ins letzte Spülwasser 1 EL Essig geben, das tut den Haaren gut!

Beinwellwurzel-Shampoo

25 g Beinwellwurzel hacken, mit 100 ml destilliertem Wasser übergießen und 12 Stunden ziehen lassen. Dann aufkochen, abkühlen lassen, das Ganze noch einmal wiederholen und abseihen. 2 Eigelb mit 25 ml Wodka vermischen, in den abgekühlten Sud rühren. Auf das nasse Haar auftragen, einwirken lassen, lauwarm abspülen, ggf. wiederholen.

Shampoo mit Gurke und Zitrusfrüchten

1 Gurke waschen, klein schneiden und mit dem Mixer vermusen, den Saft von 2 Zitronen und 1 Limette dazugeben. 1 TL staubfeines Meersalz zufügen, kräftig mischen, abseihen. Guarkernmehl (Packungsbeilage beachten, Flüssigkeitsmenge abwiegen) mit ein bisschen Alkohol auflösen und damit das „Shampoo" eindicken. Auftragen, einwirken lassen, ausspülen, mit Essigwasser sauer nachspülen.

Shampoos auf Seifenbasis (für alle Haartypen)

Basisshampoo aus Seife

Dazu brauchen Sie reine Olivenölseife. Rezept und Anleitung dafür finden Sie auf S. 150. Sie können auch Savon de Marseille (aus dem Bioladen) oder eine andere Seife nehmen, mit der Sie gute Erfahrungen gemacht haben.

300 ml Wasser zum Kochen bringen, 30 g klein geraspelte Seife zugeben und langsam bei mäßiger Hitze rühren, bis sich die Seife gelöst hat. 15 ml Wodka einmischen, in den Wodka können Sie noch 2-3 Tr ätherische Öle nach Wahl einbringen. Gut umrühren und ver-

schließen. Möglichst erst nach 3 Tagen verwenden, so steigen die Luftblasen aus dem Gemisch. Dann wie gewohnt damit das Haar waschen, am Schluss mit Essigwasser spülen.

Kräutershampoo aus Seife

Basisshampoo (s. S. 127) mit Kräuteraufguss statt mit Wasser ansetzen: **1 Handvoll Kräuter nach Wahl** einstreuen. Abdecken, 10 Minuten ziehen lassen, abseihen. Dann die Seife darin auflösen. Nach der Anwendung von flüssigen Shampooseifen müssen Sie unbedingt mit Essigwasser (1 EL Essig auf 1 l Wasser) nachspülen.

Kräuteressige als Haarspülung (für alle Haartypen)

Eine sehr wirkungsvolle Geheimwaffe: Ins letzte Spülwasser, das im Haar verbleibt, einen Kräuteressig geben. Dann das Haar an der Luft trocknen lassen. Bei der Wahl der Kräuter auf die Hinweise auf S. 27 achten.

Läuse-Shampoo

Ein hilfreiches Mittel, um die „unerwünschten Gäste" auf dem Kopf Ihres Kindes schneller wieder loszuwerden: In **250 ml Baby-Shampoo** (aus dem Drogeriemarkt) **je 10 Tropfen Teebaumöl**, **Lavendelöl** und **Rosengeranienöl** geben und kräftig schütteln.

Kräuteressig mit Wasser

2 Handvoll gemischte Kräuter mit **1 l Wasser** aufkochen, zugedeckt einen halben Tag ziehen lassen, abseihen, die Pflanzen ausdrücken, filtrieren und mit **1 l Apfelessig** vermischen. Davon so viel ins Spülwasser geben, bis es säuerlich riecht.

Kräuteressig ohne Wasser

2 Handvoll gemischte Kräuter mit **1 l Apfelessig** ansetzen und 2 Wochen auslaugen lassen. Abseihen, die Pflanzen ausdrücken, filtrieren. Davon ungefähr 1-2 EL auf 1 l Spülwasser geben.

Haarkuren (für alle Haartypen)

Bei Haarkuren und Packungen werden Sie je nach Haarlänge unterschiedliche Mengen benötigen. Daher sollten Sie bei langem Haar die in den Rezepturen angeführten Zutaten verdoppeln. Nach

dem Auftragen die Haare immer mit einer Duschhaube abdecken und ein Handtuch um den Kopf wickeln. Nach 10 bis 20 Minuten können Sie die Kur ausspülen.

Naturjoghurt-Packung
50 g Joghurt mit 1 EL Rizinusöl aufschlagen und auf die Haare geben.

Ölpackung
1 EL Olivenöl, 1 EL Rizinusöl und 1 EL
Kokosöl schmelzen, 1-2 Eigelb, 2 EL
Apfelessig und etwas Glycerin zugeben. Sie können auch nur ein Öl benutzen, von dem Sie sowieso schon wissen, dass es Ihrem Haar gut tut. Es darf
natürlich auch ein Mazerat sein.

Honig & Öl-Packung
1 Eigelb, 20 ml Rapsöl, 1 TL Blütenhonig in 1 EL Apfelessig oder Honigessig
anrühren und bei kraftlosem, stump-
fem Haar so lange wie möglich einwirken lassen.

Avocado-Packung
½ Avocado mit einer Gabel zerdrücken,
mit 1 Eigelb, 1 TL Joghurt und ½ TL
Avocadoöl vermischen. 15 Minuten einwirken lassen und ausspülen.

**Großmutters „Knofi-Packung" gegen
Schuppen und Seborrhöe**
50 ml Rizinusöl erwärmen, 15 Knob-
lauchzehen zerdrücken und hineingeben, 1 EL frische Schafgarbe und/oder
Beinwell dazugeben, aufwallen lassen,
abgedeckt erkalten lassen. Durch ein
Sieb geben, mit der Kartoffelquetsche
die Reste ausdrücken, filtrieren. Von
dem Öl 1 EL abnehmen und in etwas
Joghurt aufschlagen. Gleichmäßig auf
dem Haar auftragen und recht lange
wirken lassen. Nach einer Spülung mit
Essigwasser verflüchtigt sich der Geruch!

**Sesamöl-Packung (von meiner Freun-
din Gülcem)**
1 Eigelb mit 1 TL Honig, 1 EL Essig und
2 TL Sesamöl aufschlagen und gut verrühren. Ins trockene Haar geben und
länger einwirken lassen. Hilft bei vor
allem bei trockenem, sprödem Haar.

Rezepturen für besseren Haarwuchs

Zwiebelkur
1 Küchenzwiebel klein schneiden und
mit 1 EL Rizinusöl, 1 EL Olivenöl und
1 TL Honig in Apfelessig angerührt
miteinander mischen. Dann noch Biojoghurt zufügen und auf den Kopf auftragen, eine halbe Stunde wirken lassen, ausspülen.

Ei & Öl-Kur
2 Eigelb mit 2 EL Rizinus- oder Olivenöl sowie 1 Schuss Zitronensaft mischen
und das Ganze vor der Wäsche 10 bis
20 Minuten einwirken lassen.

WOHLTUENDES FÜR

KÖRPER & SEELE

UND KLEINE GESCHENKE

Aromabäder und -öle

Gönnen Sie sich Oasen der Ruhe, Sie brauchen sie. Nehmen Sie sich ab und an eine Auszeit nur für sich selbst, wenigstens eine halbe Stunde. Zeit ohne den Nachwuchs und Haushalt. Versuchen Sie abzuschalten, die Sorgen hinter sich zu lassen. Nichts ist da besser als ein wohltuendes Aromabad. Hinterher fühlen Sie sich wie neugeboren und haben wieder Energie und Kraft für Ihre Familie.

Massageöl zur Entspannung
100 ml Trägeröl, 8 Tr Lavendelöl, 10 Tr Melissenöl, 6 Tr Kamillenöl, 2 Tr Rosenholzöl gut vermischen.

Milchbad
100 ml Vollmilch, 2 Tr Ingweröl, 3 Tr Zimtöl, 5 Tr Sandelholzöl, 4 Tr Ylang-Ylang vermischen.

Sahne-Honig-Bad
1 EL Honig und 1 EL Sahne mit 2-3 Tr ätherischem Öl (nach Bedarf und Vorliebe) glatt rühren und ins Badewasser geben.

Erkältungsbad Nr. 1
3 EL Honig mit 4 Tr Latschenkiefernöl gut verrühren, dann 5 Tr Eukalyptusöl, 3 Tr Thymianöl, 3 Tr Kamillenöl zugeben.

Erkältungsbad Nr. 2
1 Tr Zitronenöl, 1 Tr Myrrhenöl, 2 Tr Wacholderöl und 1 Tr Zedernöl gut vermischen.

Erfrischungsbad
4 EL Meersalz mit je 5 Tr Rosmarinöl, Lemongrasöl und Zitronenöl gut vermischen.

Belebendes Badeöl
3 Tr Rosenholzöl, 2 Tr Orangenöl und 1 Tr Geraniumöl vermischen.

Euphorisierendes Badeöl
3 Tr Ylang-Ylang-Öl und 3 Tr Muskatellersalbeiöl vermischen. Ganz einfach und wirkt Wunder!

Pflegendes Badeöl
Grundrezept: 200 ml Pflanzenölauszug mit 20 ml Lecithin BE und 10 ml ätherischem Öl gut vermischen. (Pflanzenöl und ätherisches Öl nach Bedürfnissen und Hauttyp aussuchen.) Davon nun in die Wanne bei einlaufendem Wasser 1-2 EL geben. Oder nach dem Duschen auf die nasse Haut auftragen, dadurch entsteht auf der Haut eine Emulsion, die unglaublich pflegend ist.

Badesalze

Belebendes Badesalz
500 g Steinsalz in eine Schüssel geben, je 5 Tr Wacholderöl, Zitronenöl, Limettenöl und Orangenöl mit 4 Tr roter Lebensmittelfarbe und etwas Alkohol vermischen und über das Steinsalz geben. Gut verrühren, dicht verschließen.

Algenbad
500 g Steinsalz mit 2 Handvoll getrockneten und pulverisierten Algen vermischen. Ordentlich verrühren, gut verschließen. Statt Algen können auch Kräuter verwendet werden!

Kleine Geschenke

Naturkosmetik eignet sich prima zum Verschenken. Wenn Sie sich schon die Mühe des Destillierens, Rührens oder Seifesiedens (dazu kommen wir im nächsten Kapitel) machen, dann können Sie ja auch die beschenken, die es zu schätzen wissen.

Badepralinen, Rezeptur 1:
230 g Natronpulver mit 12 EL Milchpulver (Babynahrung Bio) vermischen, dazu 110 g Zitronensäure und am Schluss 1 EL Meersalz staubfein dazugeben.

Badepralinen, Rezeptur 2:
230 g Kakaobutter schmelzen, einige Tr rote Speisefarbe mit etwas Grapefruitkernöl vermischen und zur Kakaobutter geben.
Alles verkneten und entweder zu kleinen Kugeln formen oder in schönen Mini-Butterformen (oder LEGO-Klötzchen entwenden!) einpressen. Natürlich sind Duft und Farbe Ihrer Wahl möglich, ebenso können Sie Blüten trocknen,

mehr oder weniger grob mahlen und einarbeiten.

Badebomben
200 g Natron mit 100 g Zitronensäure und 50 g Kartoffelstärke mischen, 50 g Sheabutter und 50 g Kakaobutter aufschmelzen. Lebensmittelfarbe und einige Tropfen ätherischer Öle nach Wahl zugeben. Alles vermischen und verkneten, entweder zu kleinen Kugeln formen oder in Förmchen eindrücken. Letztere dann ein wenig einfrieren. (Es darf nur nicht nass werden, sonst schäumt es!)

Milchbadsäckchen
50 g Molkepulver mit 30 g Natron, 30 g Zitronensäure und 20 g Maisstärke vermischen. 3 EL davon in die Mitte eines sauberen und schönen Tuches geben und mit einem hübschen Band zusammenbinden, so dass eine Schlaufe zum Aufhängen entsteht. Bei Lagerung in einem luftdichten Glas bis 6 Monate lang haltbar.

SEIFEN-SIEDEN

Selbst gesiedete Seifen sind wunderbare Naturpflegemittel. Das Kochen von Seife gehörte früher zu den Aufgaben der Frau des Hauses. Ein Blick in die alten, sauber mit Hand (oft noch in Sütterlinschrift) geschriebenen Rezeptbücher unserer Großmütter verrät Zutaten und Herstellung, erzählt vom Erfindungsgeist und der Kreativität der Frauen. Heute entdecken wir die Seifensiederei wieder für uns – mit gutem Grund. Es ist ein Hobby, das der ganzen Familie eine Pflege auf natürlicher Basis ermöglicht und ganz nebenbei wunderschöne Geschenke kreiert: kleine, duftende, aus filigranen Formen geborene „Stückchen Luxus" – ganz im Gegensatz zu Großmutters Universalseife, die vor allem eines sollte: reinigen.

Grundlagen der Seifensiederei

Die Seife, die Sie herstellen werden, ist reine Naturseife und keine Kernseife oder sog. Feinseife. Im Unterschied zu letzteren ist in Ihrer Seife noch das beim Zusammenbringen von Öl und Lauge (= Verseifung) entstehende natürliche Glycerin enthalten.

Ihre Seife ist ein Naturprodukt, ein Gemisch von pflanzlichen und/oder tierischen Fetten bzw. Ölen, die mithilfe von Lauge verseift werden. Die Lauge besteht aus **Natriumhydroxid (NAOH)** und einer Flüssigkeit – meist Wasser. Wird die Lauge zu den Fetten gegeben, setzt die chemische Reaktion der **Verseifung** ein. Nach entsprechender Reifezeit und bei richtiger Arbeitsweise bleibt von der Lauge nichts übrig.

Die Rezepturen sollten Sie passend zum Hauttyp (s. S. 19) auswählen. Alle Produkte verwöhnen die Haut mit sanfter, reinigender Pflege und sind leicht basisch. Dadurch weichen die oberen Hautschichten etwas auf, die unteren werden geschützt. Das Ganze passiert auf so natürliche Weise, das selbst zarte Babyhaut keinen Schaden nimmt.

In diesem Buch werde ich Ihnen nicht das recht langwierige Verfahren unserer Großmütter zeigen, sondern das sogenannte „Kaltrührverfahren" (auch „Cold Process" oder „CP-Methode" genannt). Bei diesem Verfahren werden nur die festen Fette geschmolzen, mehr Hitze wird nicht zugeführt. Wie das im Einzelnen funktioniert, erkläre ich Ihnen jetzt.

Was Sie beachten müssen

- Seifen werden nur gesiedet, wenn keine Kinder und/oder Haustiere im Raum sind! Also: Dafür Sorge tragen, dass niemand hereinkommt und stört.

- Genügend Zeit einplanen.

- Immer(!) eine Schutzbrille (Baumarkt) und Handschuhe bei allen Arbeitsschritten tragen.

- Längere Haare zurückbinden.

- Einen alten langärmeligen Kittel oder ein altes langes Oberhemd anziehen, der Laugenspritzer verzeiht. Alle Zutaten und Gerätschaften bereitstellen. Dazu gehört auch eine Flasche mit Essigwasser zum Neutralisieren von Laugenspritzern in Griffweite.

- Empfindliche Oberflächen besser abdecken.

- Alle Zutaten immer sorgfältig abwiegen.

- Vorsichtig mit Ätznatron umgehen. Gut verschlossen, trocken und außerhalb der Reichweite von Kindern aufbewahren.

- Beim Herstellen der Lauge immer erst das Wasser einwiegen, anschließend das abgewogene Ätznatron. Unter keinen Umständen umgekehrt! (Getreu dem Spruch aus dem Chemieunterricht: „Erst das Wasser, dann die Säure, sonst geschieht das Ungeheure!")

- Kein Aluminiumgeschirr verwenden, das reagiert mit der Lauge. Am besten sind alte, hohe Edelstahltöpfe, emailliertes Geschirr oder Eisentöpfe (die dann auch nur noch zum Seifensieden verwendet werden).

- Die Rezepturen immer genau einhalten.

- Nur gute Öle und Fette verwenden. Diesen „Luxus" wird man Ihren Seifen anmerken.

- Die Sachen hinterher per Hand im heißen Wasser abwaschen, nie in der Spülmaschine. Reste vorher mit Küchenkrepp auswischen. Auch dafür noch Handschuhe tragen.

Handwerkszeug

Die Utensilien bitte nur für die Herstellung der Seife verwenden.
- ein hoher, ausreichend großer Edelstahltopf
- Behältnis mit Ausgussöffnung zum Anmischen der Lauge
- 1 Rührholz
- Stabmixer, aluminiumfrei
- Thermometer (bis 100 °C; z. B. Laborthermometer aus Glas)
- Kunststoffbecher zum Abwiegen der Lauge
- eine genaue Dezimalwaage
- Seifenformen
- eine Styroporkiste oder alte Decken
- Abdeckfolie oder Styroporplatte
- Kittel, Handschuhe, Brille

Was Sie noch über die Seifensiederei wissen sollten

WICHTIG!

Sie erhalten NaOH in Apotheken und Drogerien. Andere Namen für die Chemikalie sind Laugenstein oder Ätznatron. Lagern Sie NaOH gut verschlossen und unbedingt für Kinder unerreichbar. Beschriften Sie das Behältnis. Bringen Sie den Warnhinweis „Vorsicht ätzend!" an.

Grundsätzlich können Sie beinahe alle Öle, Wachse und Fette verseifen. Sie können auch alle kombinieren, sollten dabei aber die Eigenschaften der Fette und ihre Wirkung auf die Beschaffenheit der Seife beachten.

Damit die Seife nicht gleich zerfließt, müssen Fette zugesetzt werden, die die Seife hart werden lassen. Man benötigt zwischen 30 und 60 % von diesen harten Fetten.

Dann sollten Sie noch schaumfördernde Fette (Kokusfett und Palmöl), deren Anteil zwischen 10 bis 25 % liegen kann, einarbeiten. Ein bisschen Rizinusöl für die Schaumbildung gebe ich fast immer mit hinzu, die Menge schwankt zwischen 2 und 6 %.

Besondere pflegende Öle, die die Seife veredeln, stehen in reicher Auswahl zur Verfügung und werden erst nach der Verseifung zugegeben.

An dieser Stelle sei darauf hingewiesen, dass ich mich auf leicht zu beschaffende und preiswerte Öle beschränkt habe, damit dem Start ins seifige Vergnügen nichts im Wege steht. Die wichtigsten Öle sind bereits ausführlich ab S. 14 beschrieben; an dieser Stelle gibt's

nur noch einmal Eckdaten, die für die Seifensiederei wichtig sind. In dieser Kurzübersicht finden Sie jedoch auch „exotischere" Öle, damit Sie – falls Sie irgendwann einmal diese verwenden wollen – nicht erst mühselig Informationen suchen müssen.

Wichtige Abkürzungen in diesem Kapitel

BASÖ	Verwendung als Basisöl
EM %	Einsatzmenge in min.-max. % der Flüssigkeitsmenge
FKM	Flüssigkeitsmenge
NaOH	Natriumhydroxid
SHSei	Shampooseifeneignung
SR	Schnellranzer
ÜFÖ	Verwendung als Überfettungsöl
UVAN	unverseifbare Anteile in %
VSZ	Verseifungszahl

Haut/Haar (immer die besondere, aber nicht ausschließliche Eignung):

NH	neurodermitische & extrem trockene Haut
TH	trockene(s) Haut/Haar
EH	empfindliche(s) Haut/Haar
MH	Mischhaut
FH	fettige(s) Haut/Haar
RH	reife Haut
JH	jede(s) Haut/Haar

macht die Seife:

W	weich
N	neutral
H	hart
S	spröde

Begriffserklärungen

Die **Verseifungszahl** ist eine charakteristische Größe des Fetts, sie definiert die Laugenmenge, die notwendig ist, um 1 g des Öls komplett zu verseifen. Im Internet gibt es verschiedene Seifenrechner (z. B. *www.naturseife.com/Seifenrechner/default.htm*), Sie können aber auch selbst die Laugenmenge ausrechnen (Anleitung S. 150).

Die **Jodzahl** sagt Ihnen, wie viele Doppelbindungen im Öl vorhanden sind: Je niedriger diese Zahl ist, umso härter ist die Seife aus diesem Öl. Eine Ausnahme gibt es allerdings: Rizinusöl.

Duftöle und ätherische Öle: Duftöle nutze ich sehr selten, gute ätherische Öle nur begrenzt. Wenn Sie solche Mittel benutzen wollen, achten Sie unbedingt darauf, was der Hersteller angibt. Manche Duftöle sind nicht zum Seifensieden geeignet, der Seifenleim wird dick – er gerinnt. Auch verfärbt es ihn. Ätherische Öle „verduften sich" im wahrsten Sinne des Wortes im Laufe der Zeit.

MEIN PERSÖNLICHER TIPP

Um sich mal einen tollen Duft in der Seife zu gönnen, können Sie Veilchenwurzelöl oder Orangenschalenöl verwenden. Das sind sogenannte Fixative, die den Duft länger in der Seife halten. Auf 1 kg Seife sollte man 20 ml ätherisches Öl rechnen (das kann schon mal teuer werden). Aber die Wirkung der Öle ist nicht zu verachten. Gute Erfahrungen habe ich auch mit Bad Heilbronner-Tees gemacht. Die Seife sieht interessant aus und riecht nach mittlerweile 2 Jahren Lagerzeit immer noch sehr gut.

Kräuter & Blüten: Kräuter können Sie in Form von kräftigen Aufgüssen in die Seife einarbeiten, indem Sie entweder die Lauge komplett damit ansetzen oder aber indem Sie einen Teil des Wassers für die Lauge weglassen und stattdessen nach kurzer Einarbeitung der Lauge in das Fettgemisch einen Kräuteraufguss zugeben.

Frische Kräuter: Mit einem Standmixer fein zerkleinern, ggf. dabei etwas warmes Öl zusetzen.

Getrocknete Kräuter recht fein zermahlen und nach der Verseifung dem Seifenleim zusetzen. Manchmal ist es besser, die Kräuter vorher etwas anzuweichen, am besten mit dem Fett, niemals mit Wasser. Natürlich können Sie

Ihre Kräuter vorher in Öl mazerieren und das Ganze zermust oder abgeseiht mit in die Seife bringen.

Blütenblätter erst nach der Verseifung zugeben, die Blättchen können sich sonst verfärben. Nur Löwenzahn und Ringelblume bleiben gelb, auch wenn sie obenauf gestreut werden – das sieht hübsch aus!

Übersicht über die Öle und Fette

Öl/Fett	ÜFO	BASÖ	SHSei Haar	EM %	VSZ	SR	Jodzahl	macht die Seife	Schaumöl/Schaum	Haut/Haar
Aprikosenkernöl	x			3-30	0,135	x	92-108			besonders EH & RH, auch TH, JH
Arganenöl	x				0,130					
Avocadoöl	x	x	x	3-30	0,1335		80-95			fein, cremig + Olive excellent für Babyhaut
Babassuöl		x	x	30-40	0,1750		12-20	H	x	gut schäumend
Bienenwachs				1-5	0,0690		10-12	H		konserviert
Carnaubawachs				1-5	0,0690		6-10			
Distelöl	x	(x)	x	15	0,1355		86-119	W		FH & MH
Erdnussöl		x		40	0,1355		85-105	W		helle Farbe NH, EH
Hanföl	x			20	0,1345		148-167	W		sehr pflegend, JH

verwendete Abkürzungen, s. S. 139

Öl/Fett	ÜFO	BASÖ	SHSei Haar	EM %	VSZ	SR	Jodzahl	macht die Seife	Schaumöl/Schaum	Haut/Haar
Haselnussöl	x	x		15	0,1370		90-103	W		JH
Jojobaöl	x		x	8	0,0660		80-85	W		pflegt, JH
Kakaobutter	x	x	x	4-25	0,1380		33-42	H		JH
Kokosfett		x	x	40 ggf. mehr	0,1830		6-11	H!	x	schaumbildend FH, JH
Kürbiskern	x	x		50	0,1350	x	114-150	H		mild, nach langer Lagerung fest
Lanolin			x	0-10	0,750		28-36			konserviert leicht, hautpflegend
Lorbeeröl	x	x	x	10-30	0,1405		74			hellgrün färbend
Macadamianussöl	x	x		10	0,1390		74-78			pflegend
Mandelöl	x	x	x	30	0,1365	x	93-106			pflegend; luxuriös
Mangobutter	x	x		10	0,1339		54-56	H		gibt Konsistenz
Mohnöl	x			3	0,1383		32-136			
Nachtkerzenöl	x				0,1345		145-162	W!		nur wenig verwenden
Olivenöl		x	x	100	0,1345		77-90	H	x	mild
Palmöl		x	x	40	0,1405		50-58	H		mild, cremig
Palmkernöl		x		10-25	0,1680		16-22			
Rapsöl		x		0-25	0,1354		95-120			
Reiskeimöl	x	x		0-30	0,1345		98-110			

Öl/Fett	ÜFO	BASÖ	SHSei Haar	EM %	VSZ	SR	Jodzahl	macht die Seife	Schaumöl/Schaum	Haut/Haar
Rizinusöl			x	15	0,1286		82-90	W!	x	fördert die Schaumbildung
Sheabutter	x	x		30	0,1282		55-71			
Sesamöl	x	x		0-15	0,1376		105-115			pflegt
Sojaöl	x	x		40	0,1355	x	124-132			
Sonnenblumenöl		x		15	0,1350	x	122-138			
Stearin				0-5	0,1460		2-3	H		dickt schneller an, schöne Textur
Traubenkernöl	x	x	x	10	0,1285		125-142	H		
Weizenkeimöl	x		x	2-6	0,1310		125-135			
Sheabutter	x	x	x	35	0,1282		47-48			pflegend
Rindertalg		x			0,1405		47-48	H		
Schweineschmalz		x			0,138			H		

Fettstangen

Auch **Fettstangen** eignen sich zum Verseifen; die Zusammensetzung verraten die Hersteller mal mehr, mal weniger gern. Wenigstes nennen sie die Verseifungszahl und/oder die ungefähre Rezeptur. Wenn die Zusammensetzung bekannt ist, kann die Laugenmenge ebenfalls mit dem Seifenrechner (s. S. 150) ausgerechnet werden; wenn nicht, rechnet man mit der Verseifungszahl von Macadamianussöl.

Ich habe mir die Mühe gemacht, Anbieter gefragt und folgende Auskünfte erhalten:

Name/ Hersteller	Zusammensetzung
Aldi	Palmöl 65 % und 35 % Rapsöl
Belasan	Mischung aus Palmfett, Kokos und Rapsöl
Biskin	Palmöl und Sonnenblumenöl
Cremana	Palmfett und wenig Kokos
Gefro 100 % Pflanzenfett	Palmfett 100 %, ungehärtet
Gut und Günstig	Mischung aus Palmfett, Kokos und Rapsöl
Ja! Fritierstange	Code 7049625-V0080: Palmfett 100 %
Ja! Pflanzenfett	Mischung aus Palmfett, Kokos und Rapsöl
K-Classic Kaufland	80 % Palmfett / 20 % Rapsöl ungehärtet
Normin	80 % Palmfett / 20 % Rapsöl
Penny 100 % Pflanzenfett	Code: 001285504-R1350 Mischung aus Palmfett, Kokos und Rapsöl
Pomfrin	Palmfett und Kokos
Rapunzel Palmo	96 % Palmöl, 4 % Palmkernöl
Real Tipp!	viel Palmfett, außerdem Rapsöl und Sonnenblumenöl
Rela	Palmfett und Rapsöl
Vita Dór	80 % Palmfett / 20 % Rapsöl
Zibana	100 % Palmfett

Sonstige Zutaten für die Seifensiederei

Zutat	Menge auf 1 kg Seife	Hinweise
Aloe Vera Gel	bis 50 % der FKM	nach dem Andicken zufügen; auf niedrige Temperaturen achten
Bimsstein, gemahlen	bis 10 % der FKM	Peeling
Blütenpollen	3-5 EL	in Wasser lösen

Zutat	Menge auf 1 kg Seife	Hinweise
Gemüse: Karottenmus, Wassermelone usw.	10-30 % der FKM	zuckerhaltig
Getreidemehl	4-6 EL	mit kaltem Wasser anrühren, quellen lassen
Gurkenschalen / Gurkenmus	bis 100 % der FKM	zuckerhaltig, sparsam verwenden
Haferflocken	1-2 EL, gemahlen	Peeling; pflegt, festere Seife, ggf. mehr Wasser verwenden
Heilerde	2-3 EL	mit Wasser anrühren
Honig	1 EL	stark schaumbildend; in etwas Wasser auflösen und in die kalte (!) Lauge geben
Kaffeepulver	bis 7 EL	Achtung: nimmt Gerüche weg, auch die von Duftstoffen; pur anwenden
Maismehl	bis 10 % der FKM	Peeling
Mandeln gemahlen / andere Getreidesorten	1 EL	Peeling; pflegt, festere Seife, ggf. mehr Wasser verwenden
Meersalz	1 EL	härtere Seife
Mohnsamen	bis 2 EL	„Schrubbseife" für schmutzige Hände
Moor und Heilschlamm	bis 15 % der Fettmenge	mit ein bisschen Öl anrühren, Wasser reduzieren, färbt; Seife bleibt länger warm
Seidenprotein / Seidenstoff roh	1 Handvoll klein geschnippelter Stoff oder bis 2 TL Protein	direkt in die Lauge geben, löst sich gut, stark schaumbildend; Lauge durch ein Sieb laufen lassen
Tonerden	bis 3 EL	mit Wasser und etwas Öl anrühren, nach dem Andicken zugeben
Zitrusschalen-Pulver	bis 1 EL / 25 % der FKM	Fixativ, Sprenkel in der Seife
Zucker	bis 2 TL	stark schaumbildend, braune Farbe

MEIN PERSÖNLICHER TIPP

Wichtig: Zitronensäure bildet mit NaOH das Natriumcitrat, welches das Wasser weich macht. Besonders in Regionen mit sehr hartem Wasser empfiehlt sich der Zusatz von Zitronensäure, so kann die Bildung von Kalkseife reduziert werden, die die Waschkraft der Seife beeinträchtigt. Die Zitronensäure immer zuerst in einem Teil des Wassers auflösen, das zum Ansetzen der Lauge bestimmt ist. In dem anderen Teil des Wassers das NaOH lösen. Anschließend die Zitronensäurelösung vorsichtig und langsam zur NaOH-Lösung zugeben. Sie benötigen je nach Wasserhärte 2-5 %.

Seifenformen

Hier haben Sie wirklich unbegrenzte Möglichkeiten.

- einfachste und billigste Variante: Von einem Tetrapack eine Seite abschneiden, gründlich ausspülen und mit einer kleinen Plastiktüte möglichst faltenfrei auskleiden. (Manche Tetrapacks von Biomarken sind von vorn herein mit Folie beschichtet.)
- Ordnungssysteme aus Kunststoff für Schubkästen (Baumarkt) oder Sandförmchen aus der Spielzeugabteilung
- eine kleine Box aus Holz (Baumarkt) oder eine alte kleine Schublade mit Folie auskleiden
- Silikonkuchenformen, Muffinformen oder Eiswürfelformen (bitte auf Stabilität achten, es gibt auch Rahmen dafür)
- praktische Blockformen aus Plastik

- edel: Silikonformen, die so herzig und süß sind, dass die Seifen wirklich aussehen wie vom Designer. Ich benutze die weichen, filigranen Silikonformen von SanSavon und kann sie wärmstens empfehlen. Man bekommt die Seifen problemlos heraus.

- **Achtung:** *Was überhaupt nicht geeignet ist, sind Formen aus Aluminium. Heiße Seife bzw. Lauge sollte nicht mit Aluminium in Kontakt kommen.*

MEIN PERSÖNLICHER TIPP

Manchmal ist Seife etwas widerspenstig und will nicht mehr aus der Form. In diesem Fall kurz einfrieren, das Kondenswasser besorgt den Rest.

Seifensieden Step by Step

1 Alle **Zutaten ganz genau abwiegen**, das ist für das Gelingen der Seife sehr wichtig! Beim Wiegen stellen Sie den leeren Behälter auf die Waage und dann die Waage auf Null.

2 Die **benötigte Laugenmenge** für Ihre Seife **berechnen**: In der Tabelle ab S. 143 finden Sie die Fette und Öle mit ihrer Verseifungszahl. Auf S. 150 ist am Beispiel der Herstellung von Olivenseife alles erklärt.

3 Die **Lauge herstellen**. Beachten Sie hier unbedingt die Sicherheitshinweise, sorgen Sie für aureichende Belüftung und atmen Sie die Dämpfe nicht ein! Messen Sie die in der Rezeptur oder vom Seifenrechner vorgeschlagene kalte Flüssigkeitsmenge ab (siehe auch S. 151: „Hinweis zur Flüssigkeitsmenge").
Das NaOH abwiegen und langsam unter vorsichtigem Rühren und unter Beachtung der Sicherheitsregeln (!) in die Flüssigkeit einrieseln lassen. Langsam und geduldig weiterrühren, bis sich das NAOH vollständig aufgelöst hat. So lange rühren, bis das Wasser wieder klar ist. Nicht das Rühren unterbrechen, das Ätznatron setzt sich gern am Gefäßboden ab und bleibt dann dort ziemlich hartnäckig. Sie müssten es dann vorsichtig mit dem Rührholz zerstoßen und weiter rühren, bis es sich vollständig gelöst hat.

WICHTIGER HINWEIS:

Bewahren Sie Laugenreste niemals ungesichert auf. Lauge darf auf gar keinen Fall verschluckt werden!

MEIN PERSÖNLICHER TIPP

Achtung, die Lauge wird sehr heiß, manchmal schäumt es auch sehr stark. Am besten stellen sie das Gefäß zum Anrühren in das Spülbecken und lassen es da, so kann kein Unglück passieren.

4 Masse in Seifenformen bringen, auskühlen lassen.

MEIN PERSÖNLICHER TIPP

Wenn Sie die Seife teilen, ggf. färben und noch schichtweise in die Form bringen, können sie mit einem Stäbchen in sanften Bewegungen kleine Wirbel legen.

5 Am Schluss alle verwendeten Utensilien und die Arbeitsfläche peinlichst genau säubern.

Beispiel: Herstellung von 1000 g Olivenölseife

Und so wird die Laugenmenge berechnet:

Verseifungszahl: 0,1345
1000 g Olivenöl x 0,1345 = 134,5 g NaOH

Diese Menge reicht aus, um das Olivenöl komplett zu verseifen. Das möchten wir aber nicht, denn diese Seife wäre zu scharf. Sie würde Ihre Haut angreifen, indem sie sie entfettet. Die Naturseife soll zwischen 3 und 8 % Restfett enthalten, das nicht verseift wird.

Jetzt haben Sie zwei Möglichkeiten:

1. die Menge des NaOH reduzieren: In diesem Fall mit einer Verhältnisgleichung bei beispielsweise 7 % Fettüberschuss rechnen:

$$\frac{134,5 \text{ Gramm NaOH}}{100 \text{ \%}} = \frac{x \text{ Gramm NaOH}}{93 \text{ \%}}$$

$$\frac{134,5 \cdot 93}{100} = x$$

$$x = 125,085 \text{ Gramm NaOH} \quad (\approx 125,09 \text{ g NaOH})$$

Wenn Sie mehrere Fette in der Rezeptur haben, dann müssen sie die NaOH-Menge für jedes Fett / Öl ausrechnen. Anschließend addieren Sie die Gramm-Zahlen und runden die Stelle nach dem Komma noch entsprechend ab oder auf.

ODER

2. Sie geben noch Öl oder flüssiges Fett nach dem Andicken hinzu. Das wären 30 bis 80 g Überfettungsöl. **7 % von 1000 g Fettmenge = 70 g**. Dieses Fett/Öl kann ruhig wertvoll sein, es wird Ihre Haut pflegen.
   Theoretisch wird dieses Fett nicht mehr verseift, man könnte dann sagen, dass die Seife mit beispielsweise 7 % Arganöl überfettet ist, welches nun die Haut pflegt. Da der Prozess der Verseifung selbst nach Andicken des Seifenleims noch im Gange ist, kann man davon ausgehen, dass ein Teil der Basisfette unverseift bleibt und logischerweise ein Teil des zur Überfettung eingesetzten Öls verseift wird.

> **MEIN PERSÖNLICHER TIPP**
>
> *Man kann darüber streiten, welche Methode die bessere ist: entweder alles Öl und Fett in einen Topf geben und die Lauge dazu – oder das nachträgliche Zufügen des Überfettungsöls. Ich mache es so: Preiswerte Öle kommen gleich am Anfang komplett in einen Topf, wertvolle Überfettungsöle am Schluss.*

Hinweis zur Flüssigkeitsmenge

Die Lauge wird destilliertem, mindestens weichem Wasser (abgekochtes bzw. sauberes Regenwasser) angemischt, das begünstigt die Schaumbildung der Seife. Als ungefähren Mittelwert kann man **ein Drittel der Menge des Fettgemisches** ansetzen.

Nach der Drittelregel wären bei der o. g. Olivenölseife ca. 333,33 g Flüssigkeit nötig.

Die Seifenrechner geben einen Mittelwert aus, abhängig von Erfahrung und Vorlieben können Sie die Menge auch ändern. Wichtig ist jedoch, dass sich die Lauge vollständig auflöst – und dafür braucht sie eine ausreichende Menge Wasser!

Es gibt gute Gründe, weniger Wasser zu nehmen:
- weniger Verlust durch Verdunstung
- Seifen verziehen sich weniger, werden schneller fest
- bei Verwendung von flüssigen Ölen

Es gibt gute Gründe, mehr Wasser zu nehmen:
- wenn in den Seifenleim Zusätze wie Kräuter oder Getreidemehle eingebracht werden
- bei Verwendung eher festerer Fette
- wenn die Seife geteilt und gefärbt wird, um Schichtseifen aufzugießen

> **MEIN PERSÖNLICHER TIPP**
>
> *Wenn Sie mit Duftöl arbeiten, könnten Sie plötzlich entsetzt feststellen, dass die Seife blitzartig wie Beton am Topf klebt. Meistens geht es mit einem großen Schluck Wasser und etwas Wärme wieder ab. Vorsichtig arbeiten, ätzend!*

Weitere Flüssigkeiten zur Anmischung

Neben Wasser können Sie auch andere Flüssigkeiten zum Ansetzen der Lauge nehmen:

Milch & Molke: Abmessen und in den Tiefkühler stellen. Wenn die Masse fast gefroren ist, mit dem Einrühren des Ätznatrons beginnen. Dadurch wird die Lauge nicht so heiß, das Milcheiweiß gerinnt nicht, die Seife bleibt schön hell.

Kräuteraufgüsse verändern spontan die Farbe, wenn die Lauge dazu kommt. Das tut der Seifenleim auch. Wie er also halbfertig aussieht, hat gar nichts zu bedeuten.

Bier für Bierseifen: Bier und auch andere Flüssigkeiten, die Kohlensäure enthalten, müssen eine Zeit lang stehen und ab und an geschüttelt werden, bis sie schal sind. Dann aufkochen und abgedeckt auskühlen lassen. Damit kann die Lauge angesetzt werden.

Mus von Früchten kann die Flüssigkeitsmenge bis zu 30 % ersetzen. Gurkenmus bis zu 100 %.

Kaltgerührte Seifen Step by Step (CP – Cold Process)

1 Die festen Fette wiegen und in einen ausreichend hohen Topf geben.

2 Fette im Topf erwärmen, ggf. etwas abkühlen lassen.

3 Pflanzenöle abmessen und zu den geschmolzenen Fetten geben – Sie können auch alles auf einmal in den Topf geben.

4 Fettgemisch etwas abkühlen lassen. Es sollte nicht mehr als handwarm sein, wenn Sie die Lauge zugeben. Achtung: Oft entsteht dadurch schlagartig viel Wärme oder es wird richtig heiß!

5 Nun vorsichtig die Lauge unter gleichmäßigem Rühren dazugeben (ggf. durch ein feines Sieb laufen lassen, so wird vermieden, dass eventuell nicht vollständig aufgelöstes NAOH als Klümpchen in der Seife landet.)

6 Verseifung: Weiterrühren, bis die Masse im Topf eine dünne, puddingartige Konsistenz erreicht. Wenn Sie einen kleinen Klecks Seifenleim aufnehmen, vom Rührholz fallen lassen und noch sehen können, wo er gelandet ist, ist der Leim richtig.

7 Jetzt Überfettungsöle, Kräuter, Farben oder Düfte zufügen.

8 Die Masse in eine beliebige Form geben (siehe S. 148).

9 Die Form abdecken und mit alten Tüchern einpacken oder in eine Styroporbox stellen. Ungegelte Seifen sollen ruhig länger abgedeckt bleiben.

10 Meistens (nicht immer) folgt jetzt die Gelphase: Wenn Sie die Seife in die Form gegeben haben, werden Sie feststellen, dass sie sich von der Mitte der Form beginnend in Aussehen und Farbe ändert. Sie wird durchscheinender, dunkler, ggf. auch wieder flüssiger. Dies ist eine chemische Reaktion, die durch die Verbindung von Fetten und Lauge entsteht. Je nach Zusammensetzung des Seifenleims, Arbeitstemperaturen der Zutaten und Isolierung der Seifenform kann die Phase sehr verschieden ausfallen. Eine gleichmäßige Gelphase kann man durch eine gute Isolierung der Seifenform fördern.
Manche Zutaten wie Honig, Seidenfasern, Zucker, Schokolade, Parfümöle befeuern die Gelphase zusätzlich. Im schlimmsten Fall wird die Seife zu heiß und trennt sich wieder. Einige Seifen benötigen eine Gelphase. Milch- und Honigseifen aber eher nicht, denn in diesen würde das Eiweiß gerinnen.

Die Vorteile des Gelens: Die Seifen werden schneller fest, die Reifezeit ist um ein bis zwei Wochen verkürzt. Manche Farben sind leuchtender. Sie können die Gelphase auch „anstupsen", indem Sie die Form in den Backofen stellen, diesen auf 50 °C aufheizen und dann ausschalten.

11 Seife über Nacht stehen lassen.

12 Handschuhe anziehen und Seife aus der Box nehmen bzw. Decken und das Abdeckmaterial entfernen.

13 Wenn die Seife kalt ist, formen Sie sie bitte aus. Ggf. schneiden Sie große Blöcke in handliche Stücke. Ist sie immer noch sehr warm oder weich, warten Sie mit dem Ausformen. Es kann auch schon mal einige Tage dauern – Geduld!

14 Seife in einem dunklen, trockenen Raum lagern, damit sie reifen kann. Nicht vergessen: Zettelchen anbringen mit Name, Zusammensetzung und Herstellungsdatum.

Was Sie noch beachten sollten

Das Nachreifen

Junge Naturseife braucht einige Zeit, um die Verseifung vollständig zu Ende zu bringen. Die Seife verändert in dieser Zeit weiter ihren pH-Wert, sie wird milder, aber auch fester, da weiterhin Wasser verdampft. Das ist prima, denn je älter die Seife ist, umso besser und waschbeständiger wird sie. Dazu braucht sie einen guten Monat, manchmal auch viel länger – je nach verwendeten Ölen und Ölkonzentrationen und der Menge des Wassers.

Wichtig: Keine Seife verschenken, von der Sie nicht ganz sicher sind, dass sie genügend nachgereift ist. Auf Nummer sicher gehen Sie, wenn Sie den pH-Wert mit Teststreifen testen:

pH-Wert der Seife

Mit pH-Teststreifen können Sie herausfinden, ob Ihre Seifen sauer (1-6), neutral (7) oder basisch (8-14) sind. Dafür Seife kurz unters Wasser halten, Teststreifen auflegen und ungefähr 1 Minute warten. Anhand der farblichen Veränderung kann der pH-Wert geschätzt werden.

Ein Wert von 5,5 entspricht ungefähr dem pH-Wert der Haut. Unsere Seifen haben einen Wert zwischen 8 und 10, wenn sie fertig gereift und damit einsatzfähig sind. Eine ganz exakte Bestimmung ist mit Teststreifen nicht möglich, die Seife unterliegt natürlichen Schwankungen, Abweichungen sind immer möglich.

Lagerung

Nach dem Reifen sollte die Seife weiterhin dunkel, luftig, trocken und kühl gelagert werden. Bei Lagerung der Seife in Lagen am besten zwischen jede Lage ein Küchentuch legen. Auch Seifenschachteln aus Karton eignen sich. Keine Plastik und Folie verwenden, die Seife darf nicht schwitzen. Am besten in etwas Butterbrotpapier einschla-

gen und in den Wäscheschrank legen. Duftet herrlich! **Vorsicht:** *Da die Seifen überfettet sind, können sich auch mal Fettfleckchen bilden, also gut einpacken.* Nehmen Sie Ihre Seife in Gebrauch, lassen Sie sie auf einer Seifenschale abtrocknen. So werden Sie länger Freude an Ihrem Stück Natur haben!

Frust statt Schaumfreuden

Manchmal klappt es nicht so recht, wie man will. Nicht verzagen! Oft ist die Seife noch zu retten, nachfolgend fin-

den Sie die gröbsten Fehler und ihre Behebung.

Mangel	möglicher Fehler	Was Sie tun sollten
dickt nicht an	kontrollieren, ob Rezeptur und Wassermenge richtig sind oder ob eine Zutat vergessen wurde	weiter geduldig rühren, ggf. Topf auf Herdplatte stellen und vorsichtig Wärme zugeben
öliger Seifenblock	zu wenig NaOH; zu hoch überfettet	wenn nach Anschnitt kein Öl/Flüssigkeit auslaufen: Seife reifen lassen, pH-Wert testen; wenn dieser in Ordnung ist, kann die Seife verwendet werden, sonst wegwerfen
Ölschicht auf der Seife	zu wenig NaOH; NaOH zu alt oder zu feucht	Öl abgießen und Seife wiegen, addieren; anhand der Rezeptur ausrechnen, wie schwer der Block sein sollte. Wenn die Differenz zu groß ist, fehlt vermutlich NaOH. Seife reifen lassen, pH-Wert testen. Seife ggf. wieder einschmelzen und eine OHP-Seife daraus machen.

Mangel	möglicher Fehler	Was Sie tun sollten
Seife gerinnt, sieht aus wie Öl mit festen Flocken; aus dem Seifenblock läuft beim Anschneiden Flüssigkeit heraus	zu große Wärme	Wärme reduzieren, fleißig weiterrühren; bereits erstarrte Seife wieder einschmelzen und dabei einen ordentlichen Schuss Öl nicht vergessen.
Ausflocken	zu große Wärme	Wärme reduzieren, fleißig weiterrühren; ggf. eine OHP-Seife daraus machen
(weißlicher) Belag auf der Seife	Form war nicht richtig abgedeckt	Die sog. Sodaasche ist nicht schädlich, sieht aber nicht gerade schön aus. Mit einem feuchten Tuch abwischen.
Weiße Punkte in der Seife	1. ungelöstes NaOH; 2. eingeschlossene Luftblasen und/ oder Bildung von Sodaasche	Zu 1.: „Küsschentest" – wenn es „britzelt" oder brennt, Seife wegwerfen. Zu 2.: visueller Mangel, Sie können die Seife verwenden.
NaOH-Kristalle	Ätznatron war nicht vollständig aufgelöst	Seife wegwerfen
Seife stinkt	Seife ist evtl. ranzig geworden	Hoffen Sie darauf, dass sich der Duft noch entwickelt. Milchseife kann zu Beginn merkwürdig riechen. Wenn die Seife auch später noch stinkt, kann man daraus noch Putzseife machen
Seife bröckelt	1. zu viel NaOH; 2. zu hoher Salzanteil in der Seife; 3. manche Duftöle verursachen diesen Effekt	Zu 1.: wegwerfen Zu 2.: Seife kann benutzt werden Zu 3.: Seife einschmelzen und neu einformen

Seife einschmelzen

Manchmal müssen Sie die Seife wieder einschmelzen: wenn bei der Herstellung etwas gründlich falsch gelaufen ist, eine Zutat vergessen wurde, Seifenreste zu neuem Leben erweckt werden sollen oder wenn die Grundseife umgearbeitet werden muss.

Dafür die Seife mit der Küchenreibe raspeln und die Flocken in einen gro-ßen Topf geben. Bei sehr frischer Seife benötigen Sie in den allermeisten Fällen kaum noch einen Zusatz von Flüssigkeit in Form von Wasser oder Milch. Geben Sie in kleinen Mengen nun Wasser mit einem Esslöffel zu. Geschmolzene Seife, die wieder ein festes Stück werden soll, darf sich eben gerade so im Topf rühren lassen.

Rezepturen

Meine Großmutter pflegte immer zu sagen: „Es gibt ein Können und ein Nicht-Können." Daher sollten Sie bei Ihren ersten selbst gemachten Seifen am besten auf eine Grundrezeptur zurückgreifen. Die Zutaten dafür bekommen sie in jedem Supermarkt.

Die Startrezeptur

Diese wird auch „die 25er" genannt: Das heißt nichts weiter als: je 25 % von Olivenöl, Rapsöl, Sonnenblumenöl und Kokosfett.

Fett/Öl	Gewicht	Anteil		ÜF	/ Anteil NaOH in g
Olivenöl	250 g	25 %	Gesamtmenge: 1000 g	7	136,69
Rapsöl	250 g	25 %		8	135,22
Kokosfett	250 g	25 %	**Flüssigkeit:**	9	133,75
Sonnenblumenöl	250 g	25 %	Wasser ca. 335 g	10	132,28

Die folgenden Seifen habe ich alle getestet und für gut befunden.

Ein Grundrezept mit Fettstange zum Abwandeln

Fett/Öl	Gewicht	Anteil		ÜF / Anteil NaOH in g	
Macadamianussöl	500 g	48,54 %	Gesamtmenge:	4	146,67
Kokosnussöl	250 g	24,27 %	1030 g	5	145,14
Olivenöl	250 g	24,27 %		6	143,62
Rizinusöl	30 g	2,91 %	**Flüssigkeit:**	7	142,09
			345 g	8	140,56
				9	139,03
				10	137,50

Damit haben Sie ein Grundrezept, das Sie nun nach Herzenslust aufwerten können. Sie können z.B. 1,5 EL von Aloe-Vera-Gel, Aprikosenkernöl, Honig, Avocadoöl, Jojobaöl, Weizenkeimöl, Mandelöl und anderen Ölen zugeben, nachdem der Seifenleim angedickt ist und in die Form gegossen werden soll.

Auch Milch, Molke, Milchpulver, Kaffeepulver, Blüten, Kräuter oder staubfeine Zitrusschalen können Sie einrühren, ebenso Algenpulver, Quark, Joghurt und Sahne, frisch gemahlenes Hafermehl, Bimsstein, gemahlene Senfsamen oder Tonerde.

Auch können Sie die Seife mehrfach teilen, verschiedentlich färben und beduften.

Reine Olivenölseife

Fett/Öl	Gewicht	Anteil		ÜF / Anteil NaOH in g	
Olivenöl	1000 g	100 %	Gesamtmenge: 1000 g	5	127,78
				6	126,43
			Flüssigkeit: 335 g	7	125,09
				8	123,74
				9	122,40
				10	121,05

Babyseife 1

Fett/Öl	Gewicht	Anteil		ÜF / Anteil NaOH in g	
Olivenöl	200 g	25 %	Gesamtmenge: 500 g	8	66,32
Mandelöl	150 g	25 %		9	65,60
Kokosnussöl	100 g	25 %	Flüssigkeit: Ringelblumentee ca. 165 g	10	64,88
Shea Butter	50 g	25 %			

Babyseife 2

Fett/Öl	Gewicht	Anteil		ÜF / Anteil NaOH in g	
Rosenblüten-mazerat auf Olivenölbasis	300 g	90,91 %	Gesamtmenge: 330 g	4	42,44
				5	42,00
Rizinusöl	30 g	9,09 %	**Flüssigkeit:** Malventee oder Wildrosenblüten-aufguss 110 g	6	41,56
				7	41,11
				8	40,67
				9	40,23
				10	39,79

Kinderseife 1

Fett/Öl	Gewicht	Anteil		ÜF / Anteil NaOH in g	
Olivenöl	155 g	38,75 %	Gesamtmenge: 400 g	4	54,45
Mandelöl	100 g	25 %		5	53,88
Kokosnussöl	60 g	15 %	**Flüssigkeit:** 135 g starker Kamillentee, 1 EL Ringel-blumenblüten optional	6	53,32
Rapsöl	20 g	5 %		7	52,75
Traubenkernöl	20 g	5 %		8	52,18
Weizenkeimöl	20 g	5 %		9	51,61
Rizinusöl	10 g	2,5 %		10	51,05
Kakaobutter	10 g	2,5 %			
Distelöl	5 g	1,25 %			

Kinderseife 2

Fett/Öl	Gewicht	Anteil		ÜF / Anteil NaOH in g	
Mandelöl	150 g	38,75 %	Gesamtmenge: 440 g	4	57,88
Olivenöl	100 g	25 %		5	57,28
Kakaobutter	50 g	15 %	**Flüssigkeit:**	6	56,67
Shea Butter	50 g	5 %	147 g Rosenblü- tentee,	7	56,07
Rapsöl	20 g	5 %	optional: Rosen-	8	55,47
Kokosnussöl	20 g	5 %	blüten getrocknet und gepulvert	9	54,86
Macadamianussöl	20 g	2,5 %		10	54,26
Weizenkeimöl	20 g	2,5 %			
Rizinusöl	10 g	1,25 %			

Kräuterseife

Fett/Öl	Gewicht	Anteil		ÜF / Anteil NaOH in g	
Olivenöl	400 g	54,79 %	Gesamtmenge: 730 g	4	100,50
Kokosnussöl	150 g	20,55 %		5	99,45
Sonnenblumenöl	100 g	13,70 %	**Flüssigkeit:**	6	98,41
Distelöl	40 g	5,48 %	245 g Kräuter- teeaufguss	7	97,36
Rizinusöl	30 g	4,11 %		8	96,31
Jojobaöl	10 g	1,37 %	Außerdem: 1 EL Weizen-	9	95,27
			mehl, 2 EL Kräu- ter, staubfein gemahlen	10	94,22

Olivenölgewürzseife mit Heilerde und Molke

Fett/Öl	Gewicht	Anteil		ÜF / Anteil NaOH in g	
Olivenöl	500 g	46,08 %	Gesamtmenge: 1085 g	4	147,36
Kokosnussöl	155 g	14,29 %		5	145,83
Rapsöl	150 g	13,82 %	**Flüssigkeit:** 363 g Molke	6	144,29
Palmöl	150 g	13,82 %		7	142,76
Reiskeimöl	100 g	9,22 %	Außerdem: 2 EL Heilerde und 1 TL Kräuterpulver	8	141,22
Rizinusöl	15 g	1,38 %		9	139,69
Lanolin	15 g	1,38 %		10	138,15

Herbstsinfonie mit Bierhefe

Fett/Öl	Gewicht	Anteil		ÜF / Anteil NaOH in g	
Kokosnussöl	250 g	31,25 %	Gesamtmenge: 800 g	4	114,22
Olivenöl	250 g	31,25 %		5	113,03
Rapsöl	100 g	12,50 %	**Flüssigkeit:** 260 g Pfefferminzhydrolat	6	111,84
Sonnenblumenöl	100 g	12,50 %		7	110,65
Mandelöl	50 g	6,25 %		8	109,46
Reiskeimöl	35 g	4,38 %		9	108,27
Bienenwachs gelb	15 g	1,88 %		10	107,08

In der Lauge vorsichtig 1,5 TL Salz und 25 g Zucker auflösen, in 3 Teile teilen:
1. Teil + 30 g Joghurt und 1 EL Bierhefe gepulvert
2. Teil 3 TL Milchpulver mit 2 g Mandelöl vermischen und unterheben.
3. Teil mit 1 EL Aloe Vera und 1 EL Blütenmix vermischen. Schichtweise in die Form geben.

Joghurtseife

Fett/Öl	Gewicht	Anteil		ÜF / Anteil NaOH in g	
Kokosnussöl	200 g	46,08 %	Gesamtmenge: 610 g	4	86,98
Olivenöl	200 g	14,29 %		5	86,07
Erdnussöl	100 g	13,82 %	Flüssigkeit: 154 g Biojoghurt 1 EL Rohrzucker	6	85,17
Rizinusöl	50 g	13,82 %		7	84,26
Traubenkernöl	50 g	9,22 %		8	83,36
Bienenwachs weiß	10 g	1,38 %		9	82,45
				10	81,54

Mohn-Vanille-Kamut

Fett/Öl	Gewicht	Anteil		ÜF / Anteil NaOH in g	
Palmöl	360 g	73,47 %	Gesamtmenge: 490 g	4	64,48
Mohnöl	50 g	10,20 %		5	63,81
Rapsöl	40 g	8,16 %	Flüssigkeit: 164 g halb gefrorene Kamutmilch	6	63,14
Bienenwachs gelb	15 g	3,06 %		7	62,46
Rizinusöl	10 g	2,04 %		8	61,79
Sojaöl od. Pistazie	10 g	2,04 %		9	61,12
Leinöl	5 g	1,02 %		10	60,45

20 Tr Ylang Ylang-Öl, 20 Tr Vanilleöl, 10 Tr Teebaumöl, 2 Vanillezucker, 1 TL Mohnöl 1 TL Zitronenschalenpulver und 2 EL Mohn gemahlen im Mörser zerreiben und nach der Verseifung zugeben.

Sie können auch Vitaminkapseln, Fluids – und was Ihnen sonst noch so einfällt, in Ihrer Seife verarbeiten. Ihrer Phantasie sind keine Grenzen gesetzt! Werden Sie kreativ und trauen Sie sich!

„Lavendeljogi"

Fett/Öl	Gewicht	Anteil		ÜF	/ Anteil NaOH in g
Palmöl	160 g	20,78 %	Gesamtmenge: 770 g	4	102,87
Olivenöl	150 g	19,48 %		5	101,80
Kakaobutter	100 g	12,99 %	**Flüssigkeit:**	6	100,73
Kokosnussöl	100 g	12,99 %	150 g Lavendel-	7	99,66
Reiskeimöl	100 g	12,99 %	aufguss und 200 g Joghurt	8	98,58
Sonnenblumenöl	100 g	12,99 %	halbgefroren	9	97,51
Bienenwachs gelb	20 g	2,60 %		10	96,44
Rizinusöl	20 g	2,60 %			
Lanolin	20 g	2,60 %			

Shea-Hafermilch „Elfenmond"

Fett/Öl	Gewicht	Anteil		ÜF	/ Anteil NaOH in g
Olivenöl	300 g	58,82 %	Gesamtmenge: 510 g	8	65,60
Shea Butter	100 g	19,61 %		9	64,89
Kokosnussöl	75 g	14,71 %	**Flüssigkeit:**		
Sojaöl	30 g	5,88 %	150 g Hafermilch und 25 g Mango-saft		
Bienenwachs gelb	5 g	0,98 %			

Färben und Parfümieren mit Öl nach Wahl, ich habe außerdem Marzipan genommen. Wird sehr schnell fest. Nicht isolieren.

Milchpulverseife

Fett/Öl	Gewicht	Anteil		ÜF	/ Anteil NaOH in g
Kokosnussöl	100 g	25,00 %	Gesamtmenge: 400 g	4	55,54
Rapsöl	60 g	15,00 %		5	54,96
Leinöl	50 g	12,50 %	**Flüssigkeit:**	6	54,38
Sonnenblumenöl	45 g	11,25 %	121 g gefrorene Milch	7	53,80
Kakaobutter	40 g	10,00 %	Nach Andicken 2 EL Milchpulver	8	53,22
Mandelöl	30 g	7,50 %	mit 2 EL Wasser	9	52,65
Reiskeimöl	20 g	5,00 %	und 20 Tropfen Früchtekorb	10	52,07
Shea Butter	20 g	5,00 %	Duftöl		
Lanolin	10 g	2,50 %			
Distelöl	10 g	2,50 %			
Walnussöl	10 g	2,50 %			
Bienenwachs gelb	5 g	1,25 %			

Ziegenmilchseife

Fett/Öl	Gewicht	Anteil		ÜF	Anteil NaOH in g
Olivenöl	200 g	36,36 %	Gesamtmenge: 550 g	4	70,11
Rapsöl	100 g	18,18 %		5	69,38
Sonnenblumenöl	100 g	18,18 %	**Flüssigkeit:** 190 g halbge-	6	68,65
Kokosnussöl	50 g	9,09 %	frorene Ziegen-	7	67,92
Jojobaöl	50 g	9,09 %	milch Nicht isolieren.	8	67,19
Rizinusöl	20 g	3,64 %		9	66,46
Erdnussöl	20 g	3,64 %		10	65,73
Distelöl	10 g	1,82 %			

Nach Andicken: Das Jojobaöl vermischt mit 1 EL Honig und 1 EL Weizenkleiepulver, 1 EL Lavendelblüten und 20 Tr ä Ö Zitrone unterheben und in die Form geben.

Salzseife – Olive

Fett/Öl	Gewicht	Anteil		ÜF	Anteil NaOH in g
Olivenöl	150 g	50,00 %	Gesamtmenge: 300 g	4	37,58
Rizinusöl	100 g	33,33 %		5	37,18
Rapsöl	40 g	13,33 %	**Flüssigkeit:** 101 g Wasser	6	36,79
Bienenwachs weiß	10 g	3,33 %	20 Tropfen Duftöl Ocean	7	36,40
				8	36,01
				9	35,62
				10	35,23

Weitere Seifenrezepte finden Sie auf meinem Blog *www.landeruns.blogspot.de*

NOCH EIN WORT ZUM SCHLUSS

Machen Sie sich bewusst: Der Mensch ist ein natürliches Wesen, und wir sollten uns bemühen, dass so viel wie möglich von dem, was mit uns in Berührung kommt, auch natürlich ist.

Im Moment ist diesbezüglich ein großes Umdenken zu bemerken, und das freut mich wirklich sehr. Immer mehr Menschen schauen kritisch auf Verpackungen, informieren sich und stellen Fragen. Und es scheint auch immer mehr legitim zu sein, seine eigenen Ansichten zu haben, ohne gleich als schrullig abgestempelt zu werden. Im Internet finden Sie Gleichgesinnte, man kommt ins Gespräch.

Drehen Sie ab und zu mal Shampoopackung oder Tagescreme um – und lesen Sie, was drin ist. Wenn man Pech hat, strotzt es vor Duft- und Konservierungsstoffen, Paraffinen und Erdölprodukten. Seien Sie auch kritisch mit „Naturkosmetik", die nicht aus Ihrer Küche stammt. Die Deklaration als Naturkosmetik sagt noch gar nichts aus. Lassen Sie sich nicht von Formulierungen wie „mit natürlichen Wirkstoffen" oder „mit den Kräften der Natur" in die Irre führen. Im Zweifelsfall erst einmal im Netz recherchieren, was wirklich drin ist. Machen Sie sich bewusst: Auch diese Kosmetik hat einen weiten Weg hinter sich, für den sie mit zusätzlichen Mitteln irgendwie haltbar gemacht werden musste.

Dafür ein wichtiger Tipp: Wenn Sie die Nummer unter dem Strichcode notieren und bei **www.codecheck.info** eingeben, erhalten Sie eine sehr genaue Auflistung der Inhaltsstoffe und auch ihre Beurteilung.

Eine weitere Anlaufstelle ist die Seite **www.cosmeticanalysis.com**.

Inhaltsstoffe = INCI = Internationale Namensbezeichnung für kosmetische Zutaten

Als besonderen Service finden Sie auf meinem Blog *www.landeruns.blogspot.de* und auf der Website des Verlages *www.buchverlag-fuer-die-frau.de* eine Liste mit den am meisten bedenklichen Inhaltsstoffen und ihren internationalen Namensbezeichnungen. Diese Angaben sind in der EU Pflicht.

Literatur zum Weiterlesen

Das große Buch der Heilpflanzen: Gesund durch die Heilkräfte der Natur (Mannfried Pahlow)

Das große Buch der Klosterheilkunde (Johannes Gottfried Mayer/Bernhard Uehleke)

Die Geheimnisse wohlriechender Essenzen (Maggie Tisserand)

Die Hebammenpraxis. Das Begleitbuch für Schwangerschaft, Geburt und Wochenbett – Das geheime Wissen der Hebammen (Lilo Edelmann/Shirley M. Seul)

Essenzen der Schönheit (Erich Keller)

Geheimnisse der Heilkosmetik (Stephanie Faber/Anita Furdek)

Giftcocktail Körperpflege: Der schleichende Tod aus dem Badezimmer (Marion Schimmelpfennig/ Rüdiger Dahlke)

Giftpflanzen. Pflanzengifte. Vorkommen, Wirkung, Therapie (Luth Roth/Max Daunderer)

Hagers Handbuch der pharmazeutischen Praxis

Handbuch der Seifenfabrikation (Walther Schrauth)

Heilkäuter und Zauberpflanzen: zwischen Haustür und Gartentor (Wolf-Dieter Storl)

Herbarium Magicum – Das Buch der heilenden Kräuter: Herbologie, Heilkraft, Rezepte und Geschichten (Nancy Arrowsmith)

Himmlische Düfte: Das große Buch der Aromatherapie (Susanne Fischer Rizzi)

Kosmetik-Inhaltsstoffe von A bis Z: Der kritische Ratgeber (Heinz Knieriemen)

Kräutersegen. Ein Handbuch der Heilpflanzen (August Rogler)

Naturheilkunde für schwangere Frauen und Säuglinge (Susun S. Weed)

Naturheilkunde in der Gynäkologie: Ein Handbuch für Frauen (Rina Nissim)

Naturkosmetische Rohstoffe: Wirkung, Verarbeitung, kosmetischer Einsatz (Heike Käser)

Naturkosmetische Rohstoffe: Wirkung, Verarbeitung, kosmetischer Einsatz (Heike Käser)

Pflanzenöle: Qualität, Anwendung & Wirkung (Ruth von Braunschweig/Klaus Dürbeck)

Universal-Lexikon oder Neuestes Encyclopädisches Wörterbuch der Wissenschaften (Heinrich August Pierer) = Pierer's Universal-Lexikon

Bezugsquellen

SanSavon *www.sansavon.com*
Dragonspice *www.dragonspice.de*
Behawe *www.behawe.com*
Macsoapy *www.macsoapy.com*
The Fragrancy *www.fragrancy.de*
Soapspace *www.soapspace.com*
Lumbinigarden *www.lumbinigarden.de*
Seifenformen *www.shop.seifenformen.de*

Weitere Links

www.seifenkuenstler.de/Seifenrechner.htm
www.tuula-seifen.de/seifenrechner.php
www.naturseife.com/Seifenrechner/default.htm